パウロによる愛の賛歌

パウロによる愛の賛歌

―― Ⅰコリント13章について ――

伊吹 雄著

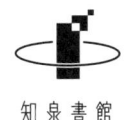

知泉書館

Meinem Freund Shin Augustinus Kojima ✝
(Beethoven Archiv, Bonn) gewidmet

「エフェソにて，ネロの時代，貧しいコリントの聖徒のために詩作された愛の賛歌は，コリントと破滅の運命をともにしなかった。黙する瓦礫の山と緑のブドウ畑の下に，アクロコリントの石材と輝く湾の間のテラスの中に，ネロのコリントの栄華は永久に破壊されて横たわっている：廃墟，恐ろしい残骸，没落。しかしかの歌の詩行は，皇帝の時代の大理石やブロンズを耐え抜いて生き残った。それはその詩行が，人々の心の隠れたところに隠れ家を見出したからである。コリントのキリスト者は……この数葉を守った；それは筆写され広められた。一世紀から二世紀にかけて，コリントへの第一の手紙はすでにローマで知られるところとなったのである。」

(A. Deissmann, Licht von Osten, Tuebingen 1923, 334.)

目　次

序 …………………………………………………………… v
前置き ……………………………………………………… 3

§1　第Iコリント13, 4-7：アガペーの本質の陳述 …… 11

§2　アガペーという主題の導入（1-3節）………………… 21

§3　4-6節のテキストのゲシュタルト（形態）分析 …… 27
　Ⅰ　方法論的予備考察 ……………………………………… 27
　Ⅱ　4-6節のゲシュタルト（形態）分析 ………………… 31

§4　アガペーを境界づける「ない」という否定
　　　（4-6節）………………………………………………… 41

§5　個々の文成分への注釈（4-6節）…………………… 63
　Ⅰ　肯定文 …………………………………………………… 63
　　ⅰ）「愛は真実を（とともに）喜ぶ」………………… 63
　　ⅱ）真実の対立としての不義（adikia）……………… 69
　　ⅲ）受容としての寛容と優しさ ……………………… 72
　　ⅳ）「愛は寛容である」………………………………… 78
　　ⅴ）「愛は優しい」……………………………………… 84
　Ⅱ　否定文 …………………………………………………… 94

ⅰ）「愛は妬まない」……………………………… 94
　　ⅱ）「愛は自分のことを求めない」……………… 103
　　ⅲ）「愛は悪を根に持たない」…………………… 107
　　ⅳ）他の否定文 …………………………………… 112

§6　愛の Dunamis（力）（7節）………………………… 127

§7　「わたくしがまったく知られているごとく」
　　（8-13節）………………………………………… 145

付論　Ⅰコリント 8, 1b-3 ………………………………… 163
イエスのアガペー ………………………………………… 171

あとがき …………………………………………………… 173
文献表 ……………………………………………………… 175

パウロによる愛の賛歌
―― Ⅰ コリント 13 章について ――

前　置　き

───────

　本論では第Ⅰコリント書13章を取り扱いたいと思う。(前置き1を難しいと思われる方は飛ばして下さって結構です)。

1

　まず第一に，さし当たってコリント人へ第一の手紙の中の13章の位置づけについて明らかにしなければならないであろう。

　R. ブルトマンという世界的な新約学者は，キリスト者の生活のうちの現実性としての最後の事柄であるのは「愛（アガペー）」であるとして，愛がテーマである13章をこの手紙のテーマとして見る。他方，やはり世界的学者であるK. バルトは，死者の復活があつかわれる15章こそがこの手紙の"最高点"であると力強く声明する。復活，すなわち永遠の命こそがこの手紙の目標であると言う。だが再びバルトに対してブルトマン自身は現在的終末論という考えに目を向け，終末は現在すでに愛において始まっていると説き，13章をこの手紙のクライマックスとする。

　すなわち神話を排撃するブルトマンは，「キリストと共にあること (sun Christo einai)」ということだけが，死者からの復活の生をあつかう15章で，パウロが現実に言っている唯一のことだと考えるのである。まさにこれがアガペー（愛）なのである，と。

著者はこの点には反対であるが，この終末論についてのブルトマンの特殊な意見——非神話化といわれる——は別として，ここでわれわれは，両方の意見に部分的に正しさがあると認めねばならないであろう。とすると，13章もまた15章と平行してこの手紙のクライマックスをなしているということになり，また実際そういう印象を受ける。だが13章は徹底的に現在終末論的であるのみならず，またそれを貫いていわゆる終局史的（終わりの日の復活）に語っているからである。この終局史という妙な苦し紛れの言葉は「世の終わり」は現在のアガペーにおいても，実存的に言ってもまだ来ていないのだということを表す。

　ちなみにいわゆる「最後の審判」の有様は，新約聖書でたった一回マタイ25, 31-46にしか描かれていないが，ミケランジェロの絵によって有名になった。

　さてIコリント13章によれば，今終末がきていないということは，その12節の「今—それから」という句ではっきり表されている。この緊張がこのことを明らかにしているのである。それでも13章はいわゆる「終局史」の復活というクライマックスの現在への愛における「先取」(Anbruch und Einbruch) ないし「侵入」として解釈されうる。終末は同時的な「今であり，まだない」(now and not yet) である。結局13章は上述した15章とともにクライマックスであり，同時に決定的な章なのである。それもアガペー（キリスト教的愛）が終末的究極目標の現在への侵入として示される限りにおいてそうなのである。

2

　次に，内容について説明すると，最初の第一部では，われわれは13章を，12章と14章への限界づけという観点から観察し分析する。したがってここでは，13章の，12章および14章との関連についてただ補足するにとどめる。

　ブルトマンは12-14章がこの手紙の，ここでの教会という統一的視野のもとでのクライマックスをなしていると言う。キリスト教的共同体はここでキリストに関して体と比べられ (12, 12f.)，そして最後にはそれ自体キリストの体である (12, 27) ので，その霊的賜物，すなわち徹底的な奉仕である (12, 27以下) その機能は，究極的には個々の成員の異なれるカリスマの集合ではなく，ここでは逆に全体としての一つの体から考えられている (12, 14-26)。アガペーは，しかしこのうちへと個々のカリスマを越え出る統一的なものとして，そして共同体の存続のための可能性の根拠として挙げられている。それは同時に異なれる他のカリスマのうちの一つとして位置づけられているのではなく，端的に共同体の「道」(12, 31) なのである。そしてアガペーは共同体がそこへ向けられている終末論的な最後の目的である。アガペーが到来し，それが風の如く吹いていくところでは，教会の最終的な存在の可能性が開示される。アガペーの完全な到来が世の終わりの描写である。

　そのようにして ―― 人はそう言うことができるであろうが ―― アガペーについてのこの章は，あこがれにも似た乞い求める調子で始められ，キリスト教的なものの最後の可能性が啓示される。というのはカリスマは奉仕としてその

ことの根拠であるアガペーを，その根底に有しているからである。愛は愛のために働く。そしてカリスマに関しても，根拠としての愛は常に，そして遥かにカリスマを越えているのである。まさにこのことが12章と14章の13章への端的な関係である。

　それゆえ，この章は12章や14章に対してそれ自体独立しているが，「今」ということに関してはこの二つの章との関連において見られねばならないのである。結論として次のように言うことができよう。「確かに第Ⅰコリント13章はそれ自身まとまった区分であるが，それはもちろん二，三の者が考えるように後に12章と14章の間に挿入されたものではない。というのは別の例を挙げると，ロマ12, 9でもアガペーはカリスマを数え上げること（Ⅰコリント12のように）と，信ずる者の共同体と世（Ⅰコリント14）における行為の間に位置しているのである」[1]。

3

　次に，ここでは聖書解釈に関する考察が，一つの笑いたくなるようなエピソードで始めることも，たまには許していただけるであろうか。

　トーマス・マートンは，かれの有名な自叙伝[2]のうちに，あるイギリスのパブリック・スクール で，ケンブリッジ大学時代に《ブリュー組》のボートの選手であった，学校付きの牧師バッギー・ジャーウッド先生の宗教の授業で経験

---

1)　E. Schweizer：文通による。
2)　Der Berg der sieben Stufen, Einsiedeln, 1984, 82 f.

したことを記している。

「かれの大説教は，コリント前書第13章についてであった。……バッギー先生の注解によれば，第13章に出てくる［そして聖書全体に散見する］『愛』とは，……かれは質素な説教壇に立って……あごを生徒たちの頭上につき出すかっこうで（言った。）『この聖パウロの13章を読む時は，"愛"という語が出てくるつど，"紳士"という語で置き換えさえすればよい。もしもわたしが聖人や天使のことばを伝えるとしても，紳士でないとすれば，それはいたずらに，鳴り響く真鍮の楽器にすぎず，ただちゃらちゃらする打楽器のみ……紳士は忍耐づよく，親切で……，紳士なるものは，嫉妬することなく，片意地な行為や慢心などあってはならない……，紳士は断じてへこたれてはならない（＝愛は止むことがない）……』というふうに説いた。かく，論法は進められ，かれの本章に対する結論は，『さて，信仰，希望，紳士道となるが，このうちでもっとも大切なのは，紳士道である』と，いうことであった。これに対し，わたしはかれこれ批評をさしはさまぬが，これが，彼の理論的帰結だった」[*3]。

人はこのユーモラスな話に笑うかも知れない。それでも，人は紳士道というものに，どれだけ愛が示され得るかということについて論議を交わすことができるであろう。しかしトーマス・マートンの言いたいこと，この話のユーモラスな所は，そのいわゆる「落ち」であって，そこで話がち

---

3) Th. Merton, Der Berg, 72：訳は工藤貞訳『七重の山』中央出版社，1966, 81.

ぐはぐとなるのだが，それは13章の終わりの，永遠に止まるものが紳士道であるというところの話なのである。すなわち，このことが示すのは，ある部分の解釈の正当性というものは，そのコンテキストから実証されねばならない，ということである。

以下の探求はまさにこのことに向けられている。すなわち13章の4-7節のアガペーの本質についての考察に，そのコンテキストたる，この章全体が関わり，またその考究の対象となる。初めに，このことが明確にされなければならない。

そしてすべてはテキストに関わり，テキストがすべてであり，基準である。テキストを注意深く読むことによって，些細と思われるようなこともおろそかにできないことが分かる。些細なことが思いもかけぬ重大な結果を生むことがあるからである。

そしてこの考究も，解釈である限り，結局は単なる一つの試みに過ぎないのである。したがって本来は，この論文は「パウロのアガペー賛歌の一つの解釈」という題を与えられるべきであろう。付け加えれば聖書についての読書は出てくる箇所をいちいち当たらねばならないので忍耐と時間を必要とする。この場合パウロ全体はコンテキストといえる。しかしコンテキストを避けて通れば結局バッキー先生の二の足を踏むことになる。

4

最後にこの論考の題である「愛の賛歌」ということについてであるが，正確にはこの13章全体を「賛歌」と呼ぶに

は無理がある。詩の形をとっていないからである。それ故「愛の賛美」と呼ぶべきだという声もあるが,ここでは殆ど伝統的となったこの呼び名をとることにした。さらに,これを散文詩と捉える研究も出ていることをあげておく[*4]。ここでは1番として131シラブル= Silben (1-3節),2番として132シラブル= Silben (4-8節),3番として130シラブル= Silben (9-12節)があげられているが,この説では終わりの13節はパウロの手になるのではないと判断されている。ここではこれ以上文体の研究には立ち入れないが,人口に膾炙されたものとしてこの賛歌という表題を取ったことを断っておきたい。

なお書き加えると,「愛の賛美は歌ではなく,もちろん雅歌でもなく,格言詩の形式を持つ教えの言葉である」(ヴォルフ注解)という意見もある[*5]。

---

4) J. Schattenmann, Studien zum neutestamentlichen Prosahymnus, München, 1965.

5) 泉,コリント134。

§1 第Ⅰコリント13, 4-7：アガペーの本質の陳述

第13章 テキスト（1-13節）

1節 たとえわたしが人間と天使の舌で語っても（ean tais glōssais tōn anthrōpōn lalō kai tōn aggelōn），
　　愛がなければ（agapēn de mē echō），
　　　わたしは打ち響く青銅や，つんざくようなシンバルであろう（gegona chalkos ēchōn ē kumbalon alalazon）。
2節 そしてたとえわたしが預言ができ，すべての奥義を知り，すべての認識を持っていても，また山を移すほどの強い信仰があっても（kai ean echō prophēteian kai eidō ta mustēria panta kai pasan tēn gnōsin, kan echō pasan tēn pistin hōste orē methistanai），
　　愛がなければ（agapēn de mē echō），
　　　わたしは無である（outhen eimi）。
3節 そして，たとえわたしがすべての財産を分かち与えようとも（kan psōmisō, panta ta huparchonta mou），
　　そして，たとえわたしの体を焼かれるために引きわたしても（kai ean paradō to sōma mou hina kauthēsomai），
　　愛がなければ（agapēn de mē echō），
　　　わたしにはなんの益もない（ouden ōpheroumai）。
4節a 愛は寛容であり（忍耐強く）（Hē agapē makrothumei），

§1 第Ⅰコリント13, 4-7：アガペーの本質の陳述

  b 優しい (chrēstheuetai)，愛は (ou zēloi hē agapē),
  c 妬まない，愛は (ou zēloi hē agapē),
  d 高ぶらない (ou perpereuetai),
  e 誇らない (ou phusioutai),
5節a 非礼をしない (ouk aschēmonei),
  b 自分の利益を求めない (ou zētai ta heautēs),
  c 憤激しない (ou paroxunetai),
  d 悪を根に持たない (ou logizetai to kakon),
6節a 不義を喜ばない (ou chairei epi tē adikia),
  b 真理（真実）を（と共に）喜ぶ (sunchairei de tē alētheia),
7節a すべてを忍び（担い），(panta stegei),
  b すべてを信じ，(panta pisteuei),
  c すべてを希望し，(panta elpizei),
  d すべてを耐える。(panta hupomenei),
8節a 愛は決して絶えることがない (hē agapē oudepote piptei),
  b 預言であっても廃れるであろう (eite de prophēteiai katargēthēsontai),
  c 異言であっても止むであろう (eite glōssai pausontai),
  d 知識であっても廃れるであろう (eite gnōsis katargēthēsetai)
9節a というのはわれわれは部分的に知っている (ek merous gar ginōskomen),
  b そして部分的に預言する (kai ek merous prophēteuomen)。
10節a 完全なものが来るときは (hotan de elthē to teleion,

§1 第Ⅰコリント13, 4-7：アガペーの本質の陳述　13

　　　　部分的なものは廃れるであろう（to ek merous kathargēthēsetai），
11節a　われわれが幼子であったときには（hote ēmēn nēpios），
　　　　幼児のように語り（elaloun hōs nēpiois），
　　　　幼児のように思い（ephronoun hōs nēpiois），
　　　　幼児のように考えていた（elogizomēn hōs nēpiois）。
　　b　大人になった時は（hote gegona anēr），
　　　　幼児のことを捨てた（katērgēka ta tou nēpiou）
12節a　というのは，今はわれわれは鏡を通しておぼろげに見ている。
　　　　（blepomen gar arti di 'esoptrou en ainigmati），
　　b　しかしその時は顔と顔とをあわせて（見るであろう）
　　　　（tote de prosōpon pros prosōpon），
　　c　今，われわれは部分的に知っている。
　　　　（arti ginōskō ek merous），
　　d　しかしその時は，われわれが（完全に）知られたように（完全に）知るであろう。
　　　　（tote de epignōsomai kathōs kai epegnōsthēn）
13節a　それだから，これら三つのもの，信仰と希望と愛は止まる。
　　　　（nuni de menei pistis, elpis, agapē），
　　b　しかしこれらのうちで最も大いなる者は愛である。
　　　　（ta tria tauta, meizōn de toutōn hē agapē）。

以上13章のテキストを挙げた。

§1 第Ⅰコリント13, 4-7：アガペーの本質の陳述

　コリント人への第一の手紙の13章の，信ずる者の「もっとも優れたる道」としてのアガペー[*1]についての陳述は，13章4-7節で，その頂点に達する。ちょうど13章が，アガペーというテーマによって，12章から際立って浮かび上がっているように[*2]，この4-7節はさらに深く切り込んだかたちで，この章の残余の部分，すなわち1-3節と8-13節からその輪郭をくっきりと浮き出させている。それは次のような仕方でなされている。すなわち，ここでは，これまでとは全く違って，アガペー自身が一貫して，述語としての15の動詞によって伴われて，主語として力強く，際立って浮び上がり，主語と動詞というそのほとんどが，補足語を持たない簡潔な文肢によって構成されているのである[*3]。アガペーに関するこの陳述の構造は，すでにそれ自体，ここで極度に集中されたアガペーについての本質描写がなされているという印象を惹起する。

　というのは，それにふさわしく，本質的と見えるアガペー陳述が食い入るような，強く訴えかける調子で幾度も繰り返され，これらの4-7節が閉じられたテキストの統一性という強い印象を残すからである[*4]。そして読者に，アガペーの本質的相貌がここに明らかに現れていることが，文体的な視野からも明瞭にされているのであるという推測は当を得たものであろう。しかしそのさい，この《本質的相貌》[*5]というものが，個々の状況で示される人間の個々の

---

1) アガペーという言葉については詳しくは Weiss, Kom 312.
2) Conzelmann, Kom 255.
3) Conzelmann, Kom 264.
4) Spicque, Agape, 92; Conzelmann, Kom 264 Anm 50.
5) Schlier, Drei, 10.

§1 第Ⅰコリント13, 4-7：アガペーの本質の陳述　15

愛の行いからは区別されているのだ，ということにも注意を向けなければならない。それは究極的にはイエス・キリストの相貌なのである。そしてヨハネ福音書によれば，「わたしを見た者は父を見たのである」（14, 9）と言われている。

さて上にあげたような区別は，愛の本質というものが，たいていは誤解されたり，また誤用され乱用されてしまっている事実から見ても，なおざりにされるべきではなく，逆にそれだけ一層，われわれは愛の意味するところを細心に精査していかねばならないのである*6。

そして上に述べられたいわゆる具体的な愛の行いというものは，もちろんあまりに豊かで，かつまたあまりに多様なものであって，それは数え上げられることも，またそもそも組織的にそれについて述べることもできないであろう*7。

そのような例として，ここではロマ書12, 9以下を挙げることができよう。そこで使徒パウロは熱烈に，それぞれの必要に応じてそのような愛の行いへと呼びかけている*8。ただし，もちろんここでもまた，この段落全体をリードする文である9節「愛には偽りがあってはならない」は，人間へ向けられた命令文であるにも拘らず，後述するように愛についての本質的な事柄を含んでいる*9。

このように，ここ12, 9以下では愛の行いが数え上げられているのに対して，われわれの取り扱っている部分，Ⅰコリント13, 4-7では愛の《根本構造》*10が取り扱われている

6）　Schlier, Drei, 67.
7）　Schlier, Drei, 80.
8）　Schlier, Drei, 80 f.
9）　Schrage, Ethik, 204.

と言えよう。このことを，さし当たってすでに述べたこの部分の文体，すなわちアガペーが主語となっているということから想定してみると，このテキストに直面して，愛の本質への問いを立てることは，なかんずく愛がキリスト教の宣教の核心であると言われる場合，必然的なことであろう。したがって以下の探求では愛の賛歌，特にその3-7節と取り組むのである。

　しかしながら，このようなことから，大きな緊張と期待をもってこのテキストに向かっていくならば，この期待は差し当たってむしろ失望に終わってしまう。というのはここで，みずからを投入し，介入し，悪を破滅に導き，すなわち砕き，そこからわれわれを救い，世界をその根底から新しく形作る救いの力としての，偉大な実行力に富んだアガペーという神の力である愛に出会うという希望に反して，われわれは，その否定文の多さに直面して，愛の取る殆ど受動的と言えるような態度の前に置かれてしまうのである。すなわち，愛は不義をよろこばず，己れのことを求めずに，すべてを堪え忍ぶのである。一言にして言えば，愛においては，何か弱々しいものと関わるのであって，事物を終結へともたらすような，比類のない救いをもたらす力の期待されたような働きと関わるのでない，という印象を受けるのである。

　それ故そこに，この3-7節には愛に関しての本質的陳述は全然期待され得ないのだ，という判断の源も見出されうるのではないか。たとえばR. グァルディーニは，「ここでは愛がそれ自体何であるか，という問いは全然立てられて

---

10)　Schlier, Drei, 76.

§1 第Ⅰコリント13, 4-7：アガペーの本質の陳述　17

いない」ので、「われわれは必要に迫られて他のパウロのテキストに手を付けざるを得ない」と言っている。そうでなければ、「愛は、市民的なものへのある種の傾向を有する倫理的なものとして、適度の中庸と斟酌をもって」考えられざるを得ない、と[11]。

また聖書解釈の専門領域においても、この章の固有の性質を見誤っているような理解に突き当たる。例えば、J. Weissは、その思慮深い論究のあとにアガペーに関して次のような結論に至る。「わたしはそのために何の名前も持たない。（言葉では表現できない）感情がすべてであって、名前は無意味で空しいのだ！」[12]。

J. Weissの後継者として、Meyerの注解書の新版の著者である、H. Conzelmannは次のように書いている。「ここでは、あらゆるキリスト論が欠如している」[13]。というのは、「この節は類型から言えばユダヤ的教訓的な伝承を意味し」[14]、「より正確には、「智恵に関する徳論」というジャンルにそのトポスを持っている」[15]。（またイエーガーも参照）[16] もちろんわれわれは、そのような要素をパウロが部分的に用いて、伝承のようなものから取って用い、全体を構成したことを疑うわけではない。問題は、ここではそこに含まれた素材は、その関連においてはもとの意味とは異なった意義を獲得している、ということなのである。

---

11) Guardini, Drei Schriftauslegungen. 61f.
12) Weiss Kom 312.
13) Conzelmann Kom 264.
14) Kom 261.
15) Kom 261.
16) また Jaeger, Paideia Ⅰ, 125 ff.

しかしながらわれわれの問いかけにとって，第Ⅰコリント書13章全体ないしは，その4-7節についてのかような判断は，とうてい満足のいくものではない。というのは，もし初めにわれわれが想定したように，ここにアガペーの本質が言い表されているならば，ここでは根本的にイエス・キリストにおいて聖霊によって啓示された神の愛について語られているはずなのである。もしここで人間のアガペーについて語られているとしても，それは，パウロが言うごとく，「わたしたちに与えられた聖霊によって，神のアガペーがわたしたちの心に注がれているから」（ロマ5, 5）であり，それはまさに神のアガペーであって，「アガペーは神から出たものである」（Ⅰヨハネ4, 7）のであって，それは正に神のアガペーに帰るのである。

また使徒パウロにとってケーリュグマ（宣教）は十字架の言葉であって（Ⅰコリント1, 18ほか参照），このイエスの死は神のアガペーの証示に他ならない（ロマ5, 8参照）。したがってここでは特別な仕方で，聖霊によって開示されるイエスの十字架の出来事における神の愛の終末的な啓示について語られているはずなのである。特にこの4-7節の大きな枠を形作っているコンテキスト，── それは13章全体であるのだが ──，それに注目するならば，このことは徹頭徹尾納得のいくことであるし，それどころか分かりきったこととも言えるのである。そのさい，次のことがさし当たって確認されうる。すなわち，この節の段落ではアガペーの終末的な啓示が主題的に取り扱われており，徳（aretē）というようなものへの賛美とか，それゆえアレタロギーというようなものではない。ここで問題になっているのは新しい来るべきアイオーン（世代）なのであって，そのことは10節

の「しかし完全なるものが来る時，部分からのものは滅せられるのであろう。」，というような箇所から分かりやすく，取り出すことができる。そして，それも，終局の時に全く明るみに出るであろう同一の愛の，今やすでに始められた開示なのである。

さらに第二に，このアガペーは，「もしそれが同一の愛」（フィリピ2,2）に関わることなら，そこにすでに今，もちろんそれが隠れた仕方であっても，その神的な面影のプロフィールが示され得るのであり，このことは10節に「というのは今は鏡のうちに謎のように（不明瞭に）見るのだが，それから顔と顔とを合せて見る」，とあるように，端的な終局的な啓示をなすのである。

しかし，この神のアガペーは終末的にすでに十字架において啓示されたし，また現在もされているのだから（ロマ5,5；IIコリント5,14ほか参照），このアガペーのプロフィールは十字架上のイエスのそれとして，すでにこの終わりの時において開示されていなければならない。それで，もしかしたらここ，4-7節に描かれた愛の弱々しさというわれわれの印象は，十字架で啓示されるところの「神の弱さ」（Iコリント1,25参照）[17]が，終末的な救いの力として，勝利を収め，喜びをもってアガペーにおいて世に侵入して来ている[18]（IIコリント2,14参照）という事実を物語っているのではないのか。

そしてそれはまた，アガペーのこのような描写の形で，十字架の「無力さ」と「愚かさ」（Iコリント1,18-25）が，終

---

17) Baumann, 11-15; Weder, Kreuz, 156 f.

18) IIコリント12,9他参照。；また Guettgemanns, Der leidende Apostel 参照。

末論的秘義として，すべての人間にこれまで隠されてきたような（Ⅰコリント2, 7以下参照），いと高き，崇高な，究極の，想像を絶し，計り知れない救いの力と智恵（Ⅰコリント1, 21; 2, 7）として語られているのではないのか。

　われわれは，ここでは，使徒パウロが，他の場所で，「目が見ず，耳が聞かなかった，人の心に思い浮かびもしなかったことを，神は，彼を愛する者たちに準備した」（Ⅰコリント2, 9），というふうに，引用という仕方で再現していること，すなわち，人間の想像力から隔絶した，何か絶対的に新しいことが目の前にあるからこそ，このアガペーを誤認してしまうのではないのか。

　われわれはここで十字架上のイエスの面影の上にあるアガペーに出会っているということではないのか。それもすでに始まっている神の面影の啓示としてではないのか（Ⅰコリント13, 12）。そして，それはまた究極には，すでにふれたが，イエスの顔の上に輝く光栄が全く神に固有な力であるような，端的な創造の力としてのこのアガペーに他ならないのではないか（Ⅱコリント4, 6）。

　われわれが以下に取り組んでいく際の関心事は，これらの問いに根ざしている。しかしながらこの事柄の真実と，事態を明るみにもたらすという試みを，これまでに与えられた解答というものは，以下に続く，綿密な，読み込みではない，事柄に即したテキストの解釈によってのみ達成されるのである。

§2 アガペーという主題の導入 (1-3節)

―――――――

テキスト (1-3節)
1節　そしてたとえわたしが人間と天使の舌で語っても，
　　　　愛がなければ，
　　　わたしは打ち響く青銅や，つんざくようなシンバルであろう。
2節　そして，たとえわたしが預言ができ，
　　　　すべての奥義を知り，すべての認識を持っていても，
　　　そしてたとえ山を移し得るほどの完全な信仰を持っていても，
　　　　愛がなければ，
　　　わたしは無である。
3節　そして，たとえわたしが，すべての財産を分かち与えようとも，
　　　そして，たとえわたしの体を焼かれるために引き渡しても，
　　　　愛がなければ
　　　わたしに何の益もない。

　この三つの節，1-3節が，4-7節のアガペーの描写を導入する。
　それで，われわれは，4-7節に向かう前に，アガペーの

§2　アガペーという主題の導入 (1-3節)

描写への移行としての, 1-3節を注視しなければならない。だがそれもその個々の詳しい事柄やデタイユでなく, いかなる仕方で1-3節が, 4-7節の叙述を際立たせ, 浮き上がらせ, 何がそこから生じてくるのかという問いの内部でのことである。

　この1-3節のスタイルは, しばしば非常に的確に, 打ち寄せて砕ける波と比べられてきた[*1]。というのは実際ここにあげられた「たとえわたしが」という五つの条件文が,「たとえ……しても」という言い方で, 極端とも言えるほど, 力強い生き生きとした[*2], 情熱的な, ほとんど熱狂的とも言えるほどのエスカレートした仕方で, 五つの霊の賜物 (異言, 預言, グノーシス [＝認識], 信仰, チャリティー) の描写によって, 盛り上がってこちらへと, 打ち寄せてくるのである。そして, そこには四つの「すべての, あらゆる, 全部の (pas)」という語でそれらが強められ, これ以上考えの及ばぬほど高まっている。他方, この増大しふくれ上がり, 高まりきった波は, 三回,「愛がなければ」という中心的な位置を占める句, いわば愛の不在ともいうことに突き当たり, 砕け散って, 空なる虚無へと引き退き, 消滅していくのである。

　ここで五つのカリスマ, すなわち「霊の賜物」が挙げられるさい, さし当って次のことが注目を引く。それは, 最初に,「人間と天使の舌」ということで, 高みへと上昇する天使の言葉だけでなく, 人間の言葉が挙げられていることである。なぜならここでは本来「天使の舌で語る」という

----

1) Weiss, 311; Bornkamm, Weg, 99; Schlier, Liebe, 187.
2) Weiss, 311.

§2 アガペーという主題の導入（1-3節）

ことで充分なはずである。ここで「舌」というのはもちろん異言を意味するのであるが、コリントの熱狂主義者たちによって、評価される異言の賜物[*3]にさいして、ただレトリカルにここに付け加えられただけなのであろうか。「人間と天使」という、この二つの一組が「青銅とシンバル」という一組と平行の文体をなしていることは可能かもしれない。それでもなお次のような考えを打ち消すことは難しいであろう。それは、使徒パウロはここで「人間の舌」ということで、人間の言葉一般をも包み込み、アガペーがなければ、言葉は真の言葉にならない、ということを言おうとしているのでないかということである。それは言葉が心に届かない、ということである。愛のない言葉は結局、聞かせんがために、やかましく響く言葉にならざるをえず、真の言葉から程遠い。それは言葉の頽廃である。われわれはそれどころか、多分使徒パウロは人間を初めて人間たらしめる（zōon logon echōn）、その根本的な行為を、最深部まで達するような仕方で言い当て、そこから、残りの人間のあらゆる行いを、その根底から捕捉しようとしているのではないか。そしてその根底から人間の行為の最たるものが試され問われるのである。

そのようにしてこのテキストの終わりには、二度ほど極端とまで言える英雄的な愛の行いについて語られている、すなわち、一つはすべての所有の放棄と犠牲であり、他はそれどころか何ものをも恐れぬ神への愛による「自ら進んでの殉教」[*4]である。

---

3) Schlier, Liebe, 187.
4) Schlier, Liebe, 188; Bornkamm, Weg, 100.

しかしながら、かような愛でさえ、「愛がなければ」無なのである。これをもって、使徒パウロが、かような愛の行いを、一度、愛、すなわちアガペー自身、アガペーそれ自体から峻別することを敢えてしようとしていることが明瞭になるであろう。それはこのような熱烈な愛の行いが拒否され、退けられるということでは全然ない。まさに、使徒が見間違えようもなく評価をしている異言を語ることの例がその反対を証明している（Ⅰコリント14, 5 etc 参照）。ここではアガペー自体が、愛の行いとあらゆる他の人間の良き行いから区別され、そしてこれらの行いを自らのうちより発現させ、養っていく根底として際立たされているのである。それも、すべての他の卓越した行いがその存立を、それらが愛によって、担われているということのうちに有しているという意味でなのである [*5]。

したがってもしもそれらが比類なき仕方でアガペーからその存在を受け取っていない時には [*6]、それらはことごとく単なる見せかけと、厳密な意味での mataiotēs [*7] という虚無性以外の何ものでもないのである。そこから次のように言うことができる。「愛のみが存在を賦与し、愛のみが無から存在へと引き戻すのである」[*8]。

「愛のうちにだけ現実に、あることが起こるのであり、愛のうちに存在はその本質において現前する（west）」[*9]。そして「この警告と指摘をもって、また、あらゆる熱狂的な

---

5)「それ故愛をカリスマと呼ぶのは間違っている」: Bornkamm, Weg, 100.
6) Schlier, Drei, 83f.
7) Schlier, LThKVII, 942f.
8) Schlier, Liebe, 188.
9) Schlier, Liebe, 191.

§2 アガペーという主題の導入 (1-3節)

言葉もその裁き手を受け所持しており，それは，例えば詩作の霊感の言葉も，哲学的研究機関のそれにおいてもそうなのである」[*10]。「言葉が現実のことを言う力を持つか否かは，それが愛によって担われ，浸透されているかどうかに依存している」[*11]。

　1-3節と4-7節における主語の変更が全面に押出して来るのは，まさにこの事態なのである。というのは，1-3節において，主語は，"わたし" であるのに対して，4-7節においては，それは，徹頭徹尾アガペー自体である。1-3節と4-7節を結合するものは，1-3節に三回見られた，あの押し寄せる高波を砕け散らせたアガペーという語のみであって，それもすべての卓越した，自然的なそして超自然の人間の行いをになっている根拠としての愛なのである。かような存在の根拠としてのアガペーは，それゆえ何らかの人間の活動でもなく，能力でもなく，偉大さでもなく，所有でもなく，性質でもなく，それは隠れた仕方でそれらをになっている根拠としてそれらから際立ち，取り離されている。

　それも，それなくしてはこれらすべてのものが虚無へと沈んで行ってしまうようなあり方でである。それゆえ三回くり返された「もし（わたしが）愛を持っていない（agapēn de mē echō）」という句は，徹底的に「（わたしが）預言を持っている（echō propheteian）」（V. 2）という句から分かたれねばならない。最初のものは，「もしわたしが愛さないなら（mē de agapō）」という意味で述べられているのではなく，G. ボルンカムがルッターの翻訳 "vund hette der Liebe nicht"

---

10) Schlier, Liebe, 187.
11) Schlier, Drei, 83.

について正しく指摘して言うように、「愛がわたしのうちにないなら」という意味でである*12。

　このアガペーが、4-7節で、それ自体もっぱら主語として高揚されつつ、テーマとして力強くかつ集中的に前面に出てくる。これらの節では、それゆえ、それ自体としては、いかなる人間の愛の行動と等置せられえず、ちょうどわれわれが1-3節で見てきたように、それらの隠れた根拠としてすべての行いに存在と意味を賦与する、アガペーが露呈されるのである。

　しかしこのことは同時に、かような存在の根拠としてのアガペーが、たえず深みへと引き戻ろうとするような、ひそやかな、そしてもしそう言ってもよいのなら、ほとんど引っ込み思案といってもよいほど、押しつけがましさからかけ離れた存在であると言える。そして4-7節の、われわれのさし当たっての当分の間の仮の観察も、4-7節でアガペーについての本質的陳述が、その本質が決して定義のようなかたちでは話されず、また決定的に規定されてしまうこともなく、むしろその本質が、いわばその本質的特性のうちに吹き動いているような仕方で形成されているということを承認するものである。

---

12) Bornkamm, Weg, 99, Anm 12.

§3 4-6節のテキストの
　　　ゲシュタルト（形態）分析

―――――――

　われわれがテキスト分析の方法論的な考慮へと移行する前に，まずさし当たって4-6節についての概観が得られるべきである。くり返しになるが，すでに述べたように，この三つの節の共通点は，一つの動詞によって伴われたアガペーを主語とする，短い文という構成によって，ここでかくも明白に一貫して示されている。他方，7節がその文の形式から見て先行の三つの節から明瞭に区別されることは一目瞭然である。ここでは「すべて (panta)」で始まり，それぞれ ei 語尾で終わる一つの動詞によって伴われている四つの正確にパラレルに作られた文が，それも主語であるアガペーという語が挙げられることなく，くり返される。

　それゆえ，まず4-6節に注目し，方法論的熟考にさいして主にこの段落のオリエンテーションをもって始めることにしたい。

I　方法論的予備的考察

　もしも4-6節の各文肢を単純な仕方で平坦にならし，ただ機械的に並べて観察するなら，全体のテキストは，いわば積み重ねられて偶然に成立した文の総和としか見えないであろう。しかしかような外見は実際に人を満足させるも

のだろうか。ここで，ある構造的統一を形成しているような，それぞれの構成要素に区分された全体というものがあるという可能性についての問いが必然的に浮かばないであろうか。いずれにせよここでは全体的な視野からのテキストの検討が，ここに挙げられている順序に沿った注解にさし当たっては優先せしめられるべきなのである。

　この解明の仕方はさらに広いテキスト，特に9節から見ても正しいと思われる。というのは，ここのところに，アガペーの解明のために，使徒パウロの視野から言って，全体的な思考の仕方が決定的であるということが明らかに見て取れるのである。というのは9節では，2節にあげられた三つのカリスマのうちの二つ，すなわちグノーシスと預言が取り上げられ，それらは部分的なるもの (ek merous) として性格づけられている。そして，10節ではその部分的なものであるという性格 (to ek merous) に基づいて，すでに8節において述べられたこと，すなわちそれらが廃止されることが，完全なもの (to teleion) が来るという理由で，根拠づけられる。そして，それはアガペーなのである。この完全なものとしての愛は，まさにそれが，部分的なるものではないがゆえに廃止されることはなく，絶えることがない（8節）。さて「部分的」ということは，一般的に言えば，ek tou pantos（全体的なもの）の反対概念である。そして，そのことから「完全なもの」ということに，それがすべての部分的なものを内に含んでいるところの全体的なものであるという意味を垣間見ることができるであろう[*1]。「完全なも

---

1) 「部分的」とは普通は，apo merous として用いられる：ロマ 11, 25 ; 15, 15. 24 ; II Kor 1, 14 ; 2, 5 ; WeissKom 318.

I　方法論的予備的考察

の」という意味がたとえこのような意味ですべて言い尽くされていないことは明らかであるとしても，それでもなお，ここで全体的な観察の仕方が場違いで，また不適当であると言うことはできない。小さな子供の場合，――これに関して，9節で「というのはわれわれは部分的に知っている。そして部分的に預言する」と語られるが，その場合は，子供の仕方が語られる11節「われわれが幼児であった時には……」のそれに近いのである。それについて次のようなことが観察されるであろう。たとえば，子供が，モザイク仕事をする場合，すなわち細かく切った色紙を張り付け，絵をこしらえたりする場合に，彼らがあまりに一生懸命個々の動作に熱中し，全体像の形成という総体的な輪郭というものに注意が行き届かない，というようなことが起こりえよう。

さてアガペーはわれわれのテキストでは，「来るべきもの」として把握されている。しかるに，アガペーは，現在という終わりの時に入ってくるそのものとして，完全なる愛と相違するものではないがゆえに，それは現在でも，たとえ多くのことがまだ隠されていても（12節参照），単に「部分的なもの」ではありえないのである。もしそうでなければ，部分的なものは廃止されるのだから愛もまた廃止されるという運命を免れることはできないのである。このような観察と考察から愛についての全体的な見方というものは，容認されるべきものであろう。

したがって，さらに進んだ考究のためには，さし当って以下に述べるごとく，ゲシュタルト（形態）的全体という特徴が挙げられなければならない[*2]。一つのゲシュタルトの，

単なる累積された部分の集合から区別される典型的な特徴としては，まず第一に，プレグナンツ（Praegnanz：際立った形）が挙げられなければならない[*3]。簡単に顔で言えばそれは眼である。換言すれば，それは，全体が簡潔にして（余分な雑多なものを含まぬ），かつ含蓄に富んだ意味をなす形を呈示していることである。プレグナンツは，特定の組織の特性のうちに，単なる総和を越えた新しい内容に富んだ意味内実を示し，それはしばしば明白で簡潔かつ的確な形式という外観をみせる。単に積み重ねられ，付け加えられた部分は，砂利の山を見れば分かるようにただ単一に，そのそれぞれの部分に直接に接している部分とのみ関係を持ちうるのに対して，全体的ゲシュタルトにおいては，各部分が全体に関して，一つの特別の位置を占め，意味を持ち，互いに遠く離れている部分もそれらの位置付けを介して，全体のうちに互いに関係を持つにいたるのである。それゆえ一つの組織的構造体において，例えば互いに隣接している文の関連のみを考慮するということでは，全然不足であり不十分である。さらにここでまだ次のことが付け加えられねばならない。ゲシュタルトというものは，しばしばいわゆる中心配置（Zentrierung）とでも言うべき中心点に合わされた配列を示すが[*4]，それは具体的には，ゲシュタルトにおいて一つの点ないし線が，例えば後者は軸のようになって，中心的な位置を占め，そこにまず第一に注目の視線がいくということである。例えば，顔というものを取ってみると，上述のように視線は殆ど不可避的に目へと向

---

2) 伊吹, Gestalt und Auslegung.
3) Metzger, Psychologie, 65.
4) Metzger, 175 ff.

かう（マタイ6, 22；ルカ11, 34）。このような場合，目は顔の中心配置であると言える。それはその目でこちらも見られることに無関係ではない。以上アガペーのゲシュタルト分析において考慮すべきことであろう。

II　4-6節のゲシュタルト（形態）分析

　4-6節のうちに予想されるような具体的なゲシュタルトを見出すために，まずそれを目指した分析がなされなければならない。ただし，これは解釈を目指す一つの試みにすぎないのであって，それゆえすべての解釈の実行を拘束するものではないことを書き記して置く。ここに添えられた図は，以下の解明の試みにさいして，遂行状況を分かり易くするための助けとなるためである。以下テキストを添えておく。

4節 a　愛は寛容であり，
　　 b　優しい，愛は。(chresteuesthai)
　　 c　妬まない，愛は
　　 d　高ぶらない
　　 e　誇らない
5節 a　非礼をしない
　　 b　自分のことを求めない
　　 c　憤激しない
　　 d　悪を根に持たない
6節 a　不義を喜ばない
　　 b　真実を（と共に）喜ぶ

§3 4-6節のテキストのゲシュタルト（形態）分析

ゲシュタルト（形態）図： 左端中央から右へ読む。

肯定	否定（ない）	
	高ぶらない (4d)	←
愛は寛容である (4a)	愛は妬まない (4c)	
眼	誇らない (4e)	Maechte 世の勢力
愛は真実を (と共に) 喜ぶ (6b)	愛は不義を 喜ばない (6a)	自分のことを 求めない (5b)	押しつけ がましくない (5a)	←
優しい，愛は (4b)	悪を根に持たない (5d)	
	憤激しない (5c)	

さて以上述べてきたような意図をもってテキストに向かって行くならば，さし当たっての出発点としてテキストの外的な形が参考となる。4-6節という段落は，すでに述べたごとく，11の簡潔な短い文から成っていて，そのうちの最初と二番目と最後の文が肯定文である。これらの二つの文で枠付けされている残りの八つの文は否定文である。たとえ次のようなことが言われたとしても，(―― そしてこのことは特に，4a節「愛は寛容であり」，と4b節「優しい，愛は」，それから6a節「不義を喜ばない」，と6b節「真実を (と共に) 喜ぶ」に確かに妥当すると言えるのであるが，――) すなわち，「そのつど二つの事柄としては，関連している文が結合されている」*5，ということが見られる。だがそれでもなお，ここでは，ゲシュタルト論的な視野から見て三つの肯定文に

---

5) Bornkamm, Weg, 101, Anm 19.

Ⅱ 4-6節のゲシュタルト（形態）分析

まず目を向けることが許されると思う。そしてさらにこの三つの肯定文からなる，ある特定の中心軸（Zentrierungsachse）というものが，想定され得るのである。6節（「不義を喜ばない，真理（真実）を（と共に）喜ぶ」）は一般にはすべての11の文の締めくくりと見做されているが，われわれはさし当って，4-6節の一番最後の肯定文「愛は真実を喜ぶ」，を一度取り出してみて，ためしに一番初めに置いてみる（上図参照）。それから次に残った二つの肯定文，交差配列（chiastisch）に作られた文で，4-6節全体を導入している文，「愛は寛容であり，優しい，愛は」，をその次に置く。（Nestle の Text の zēloi の後のコンマを3番目の「愛」の後に置く[Kuemmel, Anhang zu Lietzmann]）。それでもって，事柄の順序としては，ⅰ）喜び，ⅱ）寛容，ⅲ）優しさという結果を生じた。一目見ると，このような操作は何か恣意的なものと思われるかもしれない。しかしながらこの配列は，他の極めて重要なパウロのテキストによって追認されるのであり，そこにこの配列の基礎付けを見出すのである。すなわちパウロはガラテア書5, 22で，霊の結ぶ実を数え上げる：「他方，霊の実は，愛，喜び，平安，寛容，優しさ（chrēstotēs）……」。ここで挙げられたうち，われわれのテキストでは平安だけが欠けている。それを除外して見れば，愛，喜び，寛容，優しさというほぼ同じ順序が確認される。それ以外では，使徒パウロのもとでは，寛容と優しさがいわば手に手をとって並んでいる[*6]。

　これら，愛，喜び，寛容，優しさはここでは，愛の唯一

6）　なおこれについては，ロマ2, 4；Ⅱコリント6, 6を参照。

の肯定による性格づけである。はじめの4節a「愛は寛容であり」と4節b「愛は優しい」には、「一握りの否定的な、よりよく言えば、境界設定をする特徴づけ」[*7]が続くのである。……残りの八つの否定文による規定で、愛を取り囲むような一種の境界づけがなされ、境界線が引かれていると言ってもよい。肯定的規定は、それにより外へ向かって明確にその範囲を決め、ある種の、後に明らかになるような、力の範囲を確定する境界線（Demarkationslinie）、ないしは戦闘の前線である確固たるフロントが確立されるのである。そのようにして、例えば、「愛は憤激しない」という陳述は、「愛は寛容である（忍耐強い）」ことの外的な境界付けとなっていると解されてよいであろう。同様に、「愛は悪を根に持たない」ということは、「愛は優しい（情け深い）」ということの境界づけと見做されてよいであろう。またそれらの境界づけは互いに交換されることができる。

　しかしながら、このような例は、さらに増やしていくことができるであろう。これは単に、否定文が、かような仕方で、愛の肯定的、積極的規定の仕方で現れる領域を、境界の杭を打つようにして定め、境界表示を行っているにすぎないことを示す。それゆえ、これでもって、肯定的と否定的規定の間で正確な相応関係が置かれている、ということが主張されているのではないのである。そしてこの仕方で、この種のいくつかの文が、ただ単純に横ならべに置かれているのではないということが観察されれば、それで充分なのである。それゆえ、肯定的な性格づけは、境界を形作る否定的な規定の背後に、隠れた仕方でと言ってもよい

---

7) Schlier, Liebe, 189.

Ⅱ 4-6節のゲシュタルト (形態) 分析

ほど，いわば，ひそやかに存しており，そして愛はいわば，その深層構造の表層 (the surface) において見られると言ってもよいであろう。譬えて言うならば，それは，静かな海面にも似て，航海にとって何の否定的な悪い兆候も，その海の表面が示しておらず，人がその深みに測鉛を投げ，測深するとき，はじめてその海の思いもかけぬ深さと，その到達できない想像を絶する海底の深みに驚き畏れるのである。そして，たとえそのような海面が嵐のような悪い兆候，すなわち悪の影響によって，濁ってきたときも，―― これはわれわれのテキストを例えて言っているのであるが――，その海面に当るフロント (戦線) はアガペーの「……ない」という否定によって絶対的に防御される，そして海底は何ものによっても触れられ侵されることはない。

さてテキストで数え上げられている，アガペーの否定的規定に立ち入るまえに先に，「前置き」として，先に短い考察がなされるのが事柄の理解に役立つと思われる。

ここでガラテア書5, 19-23を引き合いに出すことが有益であろう。というのはそこでパウロは，「肉のわざ」と「霊の実」とを対置させているからである。

そのさい，第一に「実」という表現は，最初から，そしてあたまから，―― それが永続的であっても，突発的であっても (例えば怒りが，いきなり予測できずに爆発するという事態を考えてみるとよいであろうが) ――，随意に作り出すことができるような，そして事情によっては，随意になしうるような，行為というものを排除している。また「実を結ぶ」ということ自身が，何か悪いものが段々と気付かれずに増大して蔓延してくるという事態も除外しているのであ

る。(もちろんロマ7,5に見られるような「実」ということの例外的言回しもあるが。)「実」とはこういうこととは正反対の何か，まず第一に，収穫に通ずる賜物であり，すなわち人間の好き勝手にならないような仕方で，ゆっくりと，植物を例にとるならば，肥沃な大地と，あふるる光と水，そして新鮮な空気があるところに嵐にも遭わず，平穏に徐々に成長し，成熟し，ついにはたわわに実をつけるにいたるのである（マタイ13,23；ヨハネ15,4）。第二に，パウロはここで「実」というギリシャ語の単数形を用いているが，そのことは，数え上げられている個々の互いに区別された複数の事柄が根本的には，「それらの内的関連と，それらが一つの源泉を有している」ことによって意味を保っているということである。そのようにしてここでも，「霊の実」の個々の詳述は，確かにゲシュタルト的な有機的な全体として見られるべきなのである。

それに反して「肉のわざ」として挙げられる「エルガ」（erga）というエルゴンの複数は，すでにそのうちに，根源的に不透明な，肉による人間から発する能動的わざの，分裂と，ガラスが割れて粉々になって飛び散っているような状態を表している。もっとも，それらはしばしば，表面的には，互いに，連鎖反応というような明白な，あるいは摑み合いのような関連を示すのである。ここからはっきりと分かることは，ここではゲシュタルト論的に言うなら，何らかのプレグナンツ（きわだった形）を示している全体的形態というものを見出すことができないということであろう。例えば，パウロにおいて肉に属する，死の結果としての腐敗（phthorā）というものは，形が崩れて行くことなのである。これに反し，すぐれた存在者はすぐれた（プレグナントな）

Ⅱ 4-6節のゲシュタルト（形態）分析

形をもっている。

結局，以上のパウロのいわゆる「悪徳表」ということについて言えることは，そこに完璧さを目指しての確固たる秩序[*8]とか，正確な関連が探求されることはできないであろうということである[*9]。そのことは，パウロが，ガラテア書5, 19で，「肉のわざは明らかである。それは……」と言っていることから自明なのである。この「それは(hatina)」という語の元の hostis は一般的な性格づけのために使われるという[*10]。

悪徳表に関しては，ロマ1, 29-31でパウロは，同様な仕方を見せている。そこでは，悪徳の枚挙のあとで，これらが「同様なこと」(ta toiauta)(1, 32 ; 2, 3)と呼ばれるが，このことから，第一にパウロが内的にこれらの悪徳から距離を取ろうとしていることが窺われる。それだからパウロは悪徳表に関しては，しばしば単純にかれの周囲の世界にすでにあるような伝承的なものを受け入れ使用している[*11]。そしてこのような状況は，また再びかれの，「肉のわざ」からの内的な距離を取り，それらを離れて見ている態度を示すのである。

それゆえ，以上のことから，Ⅰコリント13, 4-6という，われわれのテキストにおける否定文が，肯定的な規定とは全く異なって取り扱われねばならないことが分かる。もうすでに説明したようにここではむしろ不透明とでも言える

---

8) Kaesemann, RmKom 45; Schlier, GalKom 251.
9) Voegtle, Kataloge, 15 f.
10) Schlier, GalKom 251; Blass-Debr. 293.
11) Schlier, GalKom 251.

ような表現が優勢である。ここには一度しか現れない言葉や，稀な言葉が出てきたりするのである。いくつかの同じ事柄の繰り返しと見えるものもある[*12]。例えば「高ぶる」と「誇る」もそのように解される。あるいは神のアガペーについて，はたして適当かどうかと思われるような，通常「不作法をする」とか「礼を失する」とか訳されるような表現にも出会うのである。一言にして言えば，正確な意味でのゲシュタルト分析というものは，この領域では，完璧に遂行することはできない。ここでは，いくらかの秩序を有する見取図かスケッチのようなものを作り上げることが，拡張解釈や，該当する言葉のパウロの使用法などによってせいぜい目指しうることになる。したがって，ここで並べられた順序というものは，それにしたがってどうしてもこうあらねばならぬという拘束力もないし，また全く仮のものである，とも言える。否定文のうちで，抜きん出て，これだけは重要であるというのは，アガペーの持つ共通の要素である，「ない」ないし「しない」ということなのであり，それについて次のパラグラフで詳細に立ち入りたいと思う。

　かようにしてアガペーについての否定文のゲシュタルト（形態）分析は次のような仕方でなされる。すなわち，否定的な表現の束のうちからわれわれの考究のために，まずもって最後の，否定文のすべてをまとめあげている，「不義をよろこばない」をとりあげる。それは，「喜ぶ」という動詞でもって，われわれが最初に置いた肯定文「真実を（ともに）喜ぶ」という文とパラレルをなし，また元来の位置で

---

12) Weiss, Kom 315.

はそれと対照的ないし対立的であるという理由からである。さらに「不義（adikia）」という語は，パウロでは「真理（真実）（alētheia）」と対立する重要な概念であり，それと共に用いられ（ロマ 1, 18），またそれ自身そのうちにすべての悪徳を包含しているからである（ロマ 1, 18 を 1, 29 ff. と比較せよ）。

　この「不義をよろこばない」という否定文を，すべての否定文の先頭に位置せしめるという第一の操作が終わったら，次に残りの否定文のうちから三つを取り出すという試みをしてみたい。それらは表では否定文の第二列を構成する。くり返すことになるが，この辺りの操作は仮の臨時的なものである。訂正を必要とするかもしれない。これとは別な位置に置いて色々な形で眺める事も意味があろう。
　さてここでは，4-6 節の最初に位置している否定文，「愛は妬まない」，をまず最初に，次に，真ん中，すなわち 5 節 b から，「自分のことを求めない」，そして残ったうちの否定文の最後のもの「悪を根にもたない」（5 節 c）を取る。これには，ここで「悪」という一つの根本語が見られるのと，この語のパウロによる使用の重要性からである。そしてこの一文はアガペーの中心的とも言える陳述と言えるであろう。以上多少煩瑣になるそしりは免れないと思うが，許していただきたいと思う。これら三つの文を第二列に置いた後で，残りの四つの文を表では否定文の第三列としてみた。

　部分的にくり返しになるが，ここにあるそれぞれの文それ自体に関しては，次のように補足して言うべきであろう。
　最初の二つの肯定文は，すでに述べたごとく交差法によ

って，明らかに荘重な構成になっているがゆえに，そしてテキストの第三の4節c「妬まない，愛は」は，第三番目のアガペー（hē agapē）という主語が，「妬まない」（zētein）という動詞と結合して現れるがゆえ，アガペーという主語を「高ぶる」（perpereuesthai）と結合させる見方はここでは取らない——，この4節cは，主語の後置という点で4節b「優しい，愛は」と全くパラレルに構成されており，ここに強調して挙げられたアガペーという主語は，すべての後続する文の主語である。7節においてアガペーという語が現れないことはすでに述べた。すなわちこの語は4-7節までに合計三回しか現れない。このような構文から，われわれはここでは，前に述べたように，この4c節「妬まない，愛は」にパウロにとっての熱狂主義に反対する重要性を仮定したいと思う。明らかに，パウロはこの句に否定文の中で優位を与えているのではないか。

　表の否定文の中列の第三のセンテンス，5節dの「悪を根にもたない」は，6節においてa「不義を喜ばない」とb「真実を（と共に）喜ぶ」が，それぞれ補足語をもってペアーとして構成されている理由から，ひとまず6節aの「不義をよろこばない，真実を（とともに）喜ぶ」を取り去ったあとの，いわば在庫の最後の句であり，この位置づけからも，おそらくは全体を，まとめ上げていると受け取れるからである。もちろんすでに述べたようにその概念構成も重要なのである。これは後に述べるようになぜ十字架が悪を滅ぼすかの根拠になる。「根に持つ，勘定に入れる（logizesthai）という語はパウロが使う重要な語であるし，「悪」は不義の全範囲をそれ自体のうちに含むゆえ，これもまた重要である。だが詳しい説明は後にゆずる。

§4　アガペーを境界づける「ない」という否定
（4-6節）

───────────

　最初にここでは4-6節までを取り扱うことを断っておく。
　以上，ゲシュタルト分析を試みたのち，アガペーのいわば外側の境界の杭をなしているとも言える，かなりの数の否定文の「ない」ということに目を向けてみよう。これらは，なかんずく，もしそう言っていいならば，それらの背後に隠れた深みを吹き通って行く，アガペーの喜びや寛容，そして優しさの外的な現れなのである。それはどういうことか。
　それは，このいわゆる「ない」という否定の勢力分岐ライン（Demarkationslinie）は，この境界づけられた「ない」に直面して，いかなる悪いものも，平和を壊すものも，敵意のあるものも現れて来ることが「ない」ということを意味する，ということである。それはさし当たってアガペーが，「ない」として己れを示すということである。
　このようなことは，すでに述べた，それに続いて数え上げられていく愛の行いすべての主導文である，ロマ12, 9「愛は偽りのない（anupokritos）ものであれ」の意味についても同じことが言えよう（ここではそれに前後してカリスマがあげられており，構成としては13章に対する12章および14章と比較できよう）。さてロマ12, 9での偽りのない，偽善なき愛（Ⅱコリント6, 6参照）とは何であろうか。そのことで一般に

は「現実的な」と言ったらよいような愛が考えられているが，ここではそれに加えてさらに特別に，こう言うと語弊があって誤解を招く危険があるかも知れないが，愛が何も特に外に向けて描き出そうとしないことの[*1]「ない」という意味が潜んでいると思われる。言うなれば，愛は何もして見せない，「して」，そして見せないのである。愛が何も描き出さない，ということは，それがその本性にしたがって，いかなる仕方でもそれ自体の上に注意を惹き付けようとすることがないということである。愛は，右の手のしていることを左手が知らない（マタイ 6, 3 参照）のである。これは人間のよく成しうるところではないが，付け加えれば，人間はただ，「あなたの国が来たらんことを，あなたの御旨が成らんことを，天におけるように，地の上においても」（マタイ 6, 10），と祈ることができるのである。

さて，このことによって，「愛は，人間の行いという巨大な領域から自分を峻別する境界線を創設する」[*2]。ということは，愛は純粋に人間の自己から発するとされる行為ではないのである。そのようにしてさし当たり愛は，端的に「ない」ということ自体である。具体的に言えば，このことは，もしだれかがわれわれについて何の悪意も抱かず，だれもわれわれに悪いことを勘定につけたり，われわれのせいにしたりせず，悪いことを後から数え上げたり，根に持ったりせず，だれもわれわれに対して憤激したり，誰も自分の利益や関心事を無理強いしたり，不作法をしたり，だれもわれわれを見下したり，自慢したりしない，一言にし

---

1) Schlier, RmKom 374.
2) Schlatter, Gerechtigkeit 343.

て言えば，だれもわれわれに命令したり，意のままに権力的に命じたり，嘘をついたり，そしてだれも，支配したり，負債を負わせたり，重荷を負わせたり，不安や不気味さによって脅かしたり，危険に落としめたり，邪魔をしたりしない，その他数えきれない，この「ない」があるところで，愛がその力を及ぼしていることになる。したがって，これらのことの「ない」の中にさし当たって，愛の本質のあり方としての「ない」を確認できるのである。

　愛を霊との関連から「風」に譬えれば，——否むしろ愛が本来的な風であって，残余のものはその影に過ぎないともいえるであろう。それは一方悪を吹き払い，それは海であればなぎをもたらす涼風のようなものであるが，その吹いてくる仕方は次のごとくである。

　すなわちこのアガペーの「吹きつけてくる」(Anwehen) 仕方は，まずもって，愛の控えめさの，「ない」ということのうちに，愛が「ない」ものとしてわれわれの目から逃れて行ってしまうような仕方なのである。愛はその隠れてあることによって非隠蔽性へと歩み出る。この愛の逃れとその見えのなさは，しかしながら，何か濁った不透明さというようなものではなくて，晴朗な，透明な，深く澄んだ，深く，かつ心を悦ばしく，明朗にさせる，真心からなる親密性なのである。それは，何か気味の悪い，よそよそしい，見知らぬことを許容するようなことをしないで，そこでは安心して故郷性を享受できるような，気がつかずに，与えられ守られてあるような平安と静けさなのである。その愛の解決と決着は最後まで担う (aus-tragen) ということなのである。それこそが愛の寛容さなのである（愛は寛容である）。そして人は親切かつ優しい善意なる受容を受ける（愛

は優しい)。それらはまさにこの愛の「ない」ということの内においてなのである。

　この控え目に背後へ退く, 奥行としての愛の現前性は, しかしながら, 同時に, 人間が愛の逃れにおいて, 愛を最早認識せず, 否それを誤認し, それをもって愛を見過ごし, 無視し, 一言で言えば, 人間が愛を無きもの, 当たりまえと考え, かつ無きものとする限り, 間接的ながら一つのクライシス, すなわち裁きを意味している。これはパウロ的に言えば「引き渡す」(paredōken: ロマ1, 24. 26. 28) ということである。というのは, もしも人が何か不利益になることとか, 敵愾心にあふれることとかに全然出会はないとしても, 人は, —— そしてそれはあくまでも見せかけに過ぎないのであるが——, 自分がだれにも何の損害も与えず, 危害や悪を加えない限り, それを当たり前のこととするのである。むしろ, それを自分の徳か人柄に帰するかもしれない。そのようにして, 人はかような平穏な状態を自分自身に帰して, それが自分に由来することとし, 自分のお陰でそうなっているという考えの中に棲息し行動するのである。そこに台頭して来ること, しかも必然的であるような仕方でそうなっていってしまうのは, 人が感謝 (danken) を忘れるということである。それは denken を忘れることでもある。さらに, その結果最も憂慮すべきことが起こる。それは, 人が最早真の意味で, 思考する (denken) ことを止めることである。そのようにして最後には, 人は自分自身を自分自身で動かす者と見做し, それをもとにして永遠者と見做し, 彼の存在の根源であり, 彼を担っているもの, すなわちアガペーを忘却し, 「与えられる」ことを忘れ, ま

§4 アガペーを境界づける「ない」という否定（4-6節）　45

たそれについて実際何も知らないのである。もちろんその場合，何も知らないことも知らないのである。しかしながら，そのうちに彼がだんだんと自分に源泉を見出していくこの動きの，憶測され，過って考えられた「己れから」ということは，現実にはエゴの生起を意味し，また，1-3節のところでわれわれがすでに見たごとく，アガペーを排除して行動の主体としての自我というものが立ち上がって来ることなのである。

　そのようにして，愛の「……ない」がすべてを掌どっていないところでは，独我論的自己の台頭と優勢が認められる。他方，人間に，彼と彼の存在に常に先立っており，その存在できることを可能にしているもの，すなわち彼が許容されていること，（「愛は寛容である」）や，かれが受容されていること（「愛は優しい」）が隠されたままになっているのである。ここで人は「アガペー忘却」ということについて語り得よう。それは人間の「自分自身や，すべてが自分のおかげであると考えようとする」[*3]ということのうちに現れる。この人間は今や，「自分自身から自分自身へ向かって存在する」という固有の解釈を産出し，もたらしてくるような一つの「世界」のうちに身を置いており，その世界にはその固有の力とその固有の評価がその基準として常に帰属しているのである。実際世界とは，いわばそういう解釈の台頭と開けなのである。そして的確にその点に人間というものは極めて深く拘束されている。人間は「世界とその力と意見，そして何よりも自己自身に拘束されている，すなわち自己欲求，自己主張，自己の安全確保，自己高揚，

---

3) Sich-selbst-und alles-selbst-Verdanken-Wollen (Schlier).

自己教化に拘束されており、それをもってまた心配と欲求から育ち出る不義と自己の義と自己への捕われ——「自己の存在の自己教化のうちへと拘束されている」[*4]。それゆえ世界の、そして世界からの義とは常に自己の義なのであって、したがってそのものとしては愛は世界の内では認識可能ではない。

かくして、アガペーの境界付けをなしている「……ない」についてのわれわれの観察において、ますますもって一つの大きな転回がくっきりと浮かび上がってくる。愛の「……ない」は、最早その外的な境界づけとして示されるのではない。というのは、それ自身にその過って考えられ、憶測された、固有の思考とそのわざに負っていると思っている、台頭してくるエゴに直面して、またそれと共に台頭してくるこの自分を世界権力として生み出してくる世界の力に直面して、アガペーはその世界の力を究極的に根こそぎにして決着するまで耐え抜いていくデュナミス（力）として開示されるのである。それが十字架の「ない」（無力）である。「わたしの力は弱い時に完全に現れる」（IIコリント12, 9）。「私が弱い時にこそ、私は強いからである」（同12, 10）。

この事態を具体的に説明するために、一度アガペーに関する否定文からすべての「ない」を取り去って、そこに述べられたすべての行いを、アガペーの「ない」の勢力分布境界線の外側へ移行させ置いてみるとよいであろう。ほかの短文の成分に分節化している、すべてのこれらの行いを総括する概念としては、ここでは不義（adikia）[*5]が問題と

---

4) Schlier, Existenz 127.

なるであろう。嫉むという「自己からあるものへと向かっていること」(その反対は、「愛は嫉まない」ということである)や、自己欲求の自己へと向かっていくこと(その反対は、「愛は自分のことを求めない」ということである)や、そのうちで悪が、──このような仕方で悪がさらに引き継がれて行くがゆえにその内実を見出し、さらに進んでそれを獲得し、すべてを超えて持続していってしまうように自己確保していくような、悪を算入し、ある人に帰し、それを根にもつということ(その反対は「愛は悪を根に持たない」ということである)は、アガペー不在の根源的な事態性として、さらにアガペーの「ない」を、それが聞こえなくなってしまうような騒音を発する世界の根源的事態性として現れるのである。妬むことは自慢することへ、誇ることへと導く(その反対は「愛は高ぶらない、誇らない」ということである)、──ここではほんの例として数え上げているだけであるが──自己のものを欲求するということは、自己を押しつけて、統轄することに通じ(その反対は「愛は押しつけがましくない」ということである)、悪を数え上げることは、憤激することに通ずる(その反対は「愛は憤激しない」ということである)。

　しかしなぜ人間がそのわざを自分に負っているときに、このことを表明してはならないのか。右手がなすことを左手が知ってはならないのか(マタイ6,3)。なぜ人間は、彼のみならず多くの人が、自分が重要であり、真であり、正しく、義であると思うことに躍起となって、それを他の人が辟易するほどに確信づけようとしてはならないのか(これは後に説明するように「愛は妬まない」ということなのである)。

───────

　5)　ThWbNT, Schrenk I, 155, 23f.

なぜ人は，他の人間に実際に悪が帰されうる時に，その人に憤激してはならないのか。人がそのように行動し，そのような行動に義務づけられているということは自明の事柄ではないのか。現実には——そしてこのことが核心なのであるが——自分自身のおかげであるという自己了解というものが力として，それも実に多様な力として，己れを外へ表してくるのである。それらはコントロールとか，拘束とか，圧迫とか，強制とか，無視とか，排除とか，排斥とか，反発とか，閉鎖的とか，傷つけることとか，気持ちを損ねることとか，意のままにすることとか，搾取とか，利用とか，悪用とか，支配とか，脅迫とか，誘いとか，巻き添えにするとか，伝染させるとか，説き伏せるとか，脅迫するとか，恫喝するとか，さらにまた独裁や自己礼賛，自己を高めること，自己の義，自己教化，自己主張などなどその他多くのこととして，攻撃，暴力，破壊，そして壊滅に終わるのである。この自己を高めることにおいて立ち上がり，そのうちにその根を持つ力は，しばしば隠れた仕方で存在し，見通しのきかない，見抜きえないものなのである。不透明なのである。

　しかしながらそれらには，欺きえないような特徴がある。それらの観点ないし視点は，見下すことによってすべてを包み込んでいると考えるような鳥瞰，バード・アイ・ヴューなのである。その俯瞰は，全体を全く捉えたと僭称する。人が高く昇れば昇るほど，ほかの形はそれだけ小さくなり，それらはいわば点のように，もはや正確には見られ認識されることはできず，最後には何もないかのように視界から消失してしまうのである。すなわちここで独我論的自己が成立する。このパースペクティヴはアガペーのそれ

§4 アガペーを境界づける「ない」という否定(4-6節) 49

とはあたかも対角線上の反対側の点のようなものである。なぜならアガペーの視線の動きはいわば下から生じ，そのパースペクティヴは低さのそれなのである。ここで次のようなロマ書の言葉を想起してみることは有益であろう。「互いに同じ思いを持って，高いことを思わずに，低きところに運びさられるままとなり，自分の考えによって賢い者（phronimos）となるな。」(12, 16) アガペーの視線の低さは，低き者と同じ思いを持つことに表されている。一人が他を自分より高く尊ぶという，その同じ愛について，例えばパウロはピリピ書2, 1以下にも述べて，ついにはこの愛を有名なキリストの謙卑の賛歌によって根拠づけているのだが，その低さをパウロは，「しかり，十字架の死にいたるまで」というよく知られた，多分，付加句であろうことによって(2, 8) 十字架へと集中せしめたのである。

　自己が自分のおかげである（Sich-selbst-Verdanken）という自己を高めることのうちに根を張りつつ，権力としての力は，——その下で不和，分裂，争い，憎悪，戦争，その他数えきれぬほどの無数の（レギオン：Legion! マルコ5, 9）非行や悪行が生ずるということを考えに入れずとも——，その統一的本体においてアガペーに激突する。そのような権力は，アガペーを捉らえたところではどこでも，それがアガペーを許容できないので，そのうちへと打ち当たる。というのは，アガペーはその物静かな善良さによって，そのような権力の力の反証なのである。その真実によって，その低さの持つ静穏において，アガペーは，そのような力を矛盾へともたらし，その終わりを予告する。そうなのである。アガペーの存在自体がすでにこの虚構の，虚偽である

力の露呈であり暴露なのであり，それによってその権力はますます刺激される。それゆえ，その力をアガペーは受ける。いかにそれを苦しみ蒙ることか。「というのは人間は，それがそのように現成している限りにおいて，どのみち，その思いによっては，賜物よりも好んで自己の業績から，許しより好んで固有の義から，愛のまなざしからよりは好んで勝ち得た尊敬から生きようとするものなのである。《恵み》とは使い道のない言葉となり，《施し》とは軽べつすべき事柄となった。ただ死の判決を受けたものだけが恵みを乞い求め，乞食だけが施しに対して感謝する。しかしだれが一体自分が死へと判決を下された者であること，自分が乞食にすぎないことを認め白状するのか」[*6]。「みじめな人間であるこのわたし！ だれがわたしをこの死のからだから救い出してくれるのか。わたしたちの主イエス・キリストによって神に感謝。……だからして，キリスト・イエスにある人々には有罪の宣告は全くない。」愛はこのようにして「反抗されるしるし」(ルカ2, 34)となる。愛は「反抗を呼び起こし，どこにも地上では愛に目に見える勝利が約束されてはいない。ついにはそれは十字架につけられてしまったのである」[*7]。

かくして一体，愛というものはその「……(し)ない」ということによって利己的な力の攻撃に晒され，苦しみ耐えつつそれを終わりまで担うのである。なぜなら愛はそれの人に向かって開いているというその本質から，いわば自分を守って，その力に対して自分を閉鎖し隔離し，それをも

---

6) Schlier, Existenz, 129.
7) Schlier, Existenz, 129.

§4 アガペーを境界づける「ない」という否定（4-6節） 51

って逃避することができず，自己を引き渡すことになるからである。

　アガペーのこれまで述べてきた「……ない」ということはそのさい，愛がそのような攻撃に対して同じような仕方で答えないということを意味する。愛の「……ない」ということはそれでもって事実上は，弱さとして見られるのである。第Ⅰペトロ書は，十字架の出来事に関して，そのことを次のように的確に述べている。「かれは罪を犯さず，かれの口には偽りはなかった。罵られても罵り返さず，苦しみ，脅かすことをしなかった」（2, 22以下）。ここで人は「罵られて罵り返さず」という部分が，そこにはめ込まれた古くから伝承されてきた歌の解釈の本質的部分であることに注意を向けるべきであろう。もし後に詳述する7節「愛はすべてを忍び……すべてを耐える」という句を先取りして述べるならば，愛は忍苦し，利己的かつ自我的な力から出て来るすべてを，終わりまで苦しみ通すのである。そして愛の反対勢力は，いわば抵抗のない実体に突き当たり，自己の力をそこへ吸収され消滅してしまう。それこそが十字架が罪の力を無とし消滅させる出来事なのである。

　今やアガペーのこの弱さとこの苦しみのうちに，ますますはっきりと一つのゲシュタルトが見えてくる。すなわち十字架の形である。より仔細に言えばそこに一つの面影，面（prosōpon）がその輪郭をくっきりと浮かび上がらせる。一般には，4-7節は愛が人格化されて語られている節であると言われるが，しかしながらそれは単純に，ここで単に愛について「人格的な文体で」語られているということを意味しているのではなく，むしろこのことは，愛がこのよ

うなゲシュタルトで常に一つの面影へと指示するという事実に根ざしているのである。このことは，実際には，われわれがアガペーを終末的な瞬間には，もうすでに述べたごとく「顔と顔とを合せてみる」ということではないのか。それゆえ「今はまだ鏡に映すように謎のごとく」ではあるけれども，愛は面影ないし，面を持っているのである。「鏡のうちに」という句は，そのさい，これは後に述べる事であるが，不明瞭な似姿の像を意味していて，「像によって事柄自体を見ること，すなわちパウロがここでまさに否定しようとしていること」[8]を意味しているのではない。さてしかしそれでもって，「この謎において」，一つの面影，すなわち正確には十字架上のイエスの面影が髣髴として念頭に浮かんでいるということが可能なのである。したがって，E. Fuchs が，「われわれが見ること，われわれが神から知覚することはまた，まだ謎のようなものであり，……イエスの十字架は謎のようなものであった」[9]，と言う時，われわれはこれに同意をすべきであろう。「謎のように」とは「われわれには分からない」という仕方でもある。ここで哲学的エッセイというジャンルを開き急逝した池田晶子を引用したい（甲斐博見教授の示唆による）。「結局のところ，『人生とは何か』とは，『生死とは何か』になるに決まっている。本質つまり本当のことを知りたいと考える私は，もうずいぶん長いこと，このことを考えている。考えるけれども，考えるほどに分からない。というのは，実は正確ではない。わからないということが，いよいよはっきりと分かるので

---

8) Bornkamm, Weg, 103.
9) Fuchs, Liebe, 251.

§4 アガペーを境界づける「ない」という否定(4-6節) 53

ある。先に,「死に方」は「死」ではない,癌も心不全も脳卒中も,死の条件であって,死の原因ではないと言った。生きている者は必ず死ぬ。すべての人間の死因は生まれたことであると。と,自分で言っておいて,ふとわからなくなった。死ぬ原因が生まれたことにあるのなら,生まれた原因は,何にあるのだろうかと。「死因」とは聞くが「生因」とはついぞ聞いたことがない。生まれたことの原因は,ないのだろうか。この考え方はどこかおかしいのだろうか」[*10]。どうして「十字架」なのか。ここにアガペーの秘密(Geheimnis)がある。悪の秘密がある。なぜ不義があるのか。偉そうに聞こえるが,それはアガペーを知るプロセスなのではないか。新約聖書では「疑う」(distazein)ということは後退している。死ぬにきまっていることを疑っても時間の無駄ではないのか。すべて悪の秘密である。信仰である。——中断してしまったが,ここで眼前に髣髴としている十字架上のイエスの面影とは,あらゆる不義(adikia: 6節)を忍苦し,担い通し,不義を喜ばず,しかしまたそれを訴え,それをぶちまけることをしない。なぜなら,彼のまなざしはその本質において寛容で善意に満ちたものなのである。この場で,もう一度前に行ったゲシュタルト分析のところで,中心的配置点(Zentrierung)ということへと注意を喚起したことを思い出すべきであろう。この中心的配置点とはまさに愛の肯定的文のところではっきりと示されるところのものであり,ここでは面影からのまなざしとして明瞭化するのである。

しかしこの忍耐しつつ忍苦するアガペーのこの耐えるこ

---

10) 人間自身,32f.

ととは何か。もしわれわれがこの問いに後続する7節を先取するならば、そのさいここでは端的に「すべて(panta)」が問題とされていることが明瞭である。後にまだ解明されるべきことであるが、この耐え抜くことが、最終的には、アガペーの居残ることと、居なくなることがないということとして明白にされるということは明らかである。このようにして愛には勝利が与えられる。これこそアガペーの復活とも言える救いとしての力(dunamis)なのである。それは受難の無力を通して働き、そして輝き出すところのアガペーのデュナミスという力なのである。この、7節において力強く開き出る復活のデュナミスは、すでに4-6節においてその新しい道を開きつつある。

　ここで明らかに、アガペーのこのデュナミスが、その種々の刻印された特徴についてわれわれがすでに取り扱った不義を働く力とは、たとえ同じように力と呼ばれても、互いに何の関係もないことが明白になる。この意味での力とは、まさに力づくで捉える意味での力であり、力づくの支配であり、それらは騙し、誘い、威し、弾圧し、強制し、押しつけ、無理強いし、強要し、監視し、制御し、拘束し、暴力を用い、破壊し、迫害し、怖がらせ、恫喝し、追いやり、押しつけ、依存せしめるなどあらゆる仕方で人間を奴隷化し屈伏させるものなのである。その特徴は隠れることにある。それに反して、愛のデュナミスという力は、人間をこのような力から解放する力なのである。この二つの全く違う力は、それが何かを成しうるという意味で同じ名称で呼ばれるのであろう。したがってこの全く異なった力、例えば神の救いの力とか罪の力というようなことに対する同じ「力」という言葉の使用は、全く疑わしいことなの

§4 アガペーを境界づける「ない」という否定 (4-6節)

である*11。力というこの語の二つの呼び方に、一体どういう本質的な共通性があるのか。パウロ自身はこの二つの間を用語から言って互いに分けているのではないのか。パウロが罪の力のためには終始「罪」の単数、すなわち hamartia という語を使用したことはよく知られている。個々の罪には複数が使用される*12。単数は悪の力に使われる*13。デュナミスという言葉をパウロは明らかに「神の力」というために取っておいていて、ただ二箇所第Ⅰコリント15, 24と56だけが例外であって、それもその例外を特殊な事情から説明できるのではないか*14。神のデュナミスはパウロにとって神の救いの力の最終的啓示としての、すべての思考を超越する（フィリピ4, 7)、究め難く、考えも及び難い神の道（ロマ11, 33以下）である。人間がすでに刻印された概念を使って簡単に聖書の言葉を操作することは、大きな危険を意味するのでないか、ということは考えてみる必要があろう。特にこのような理由から、われわれはここでは力と訳される dunamis という言葉を翻訳せずにそのままデュナミスとして用いようと思う。

愛の勝利は、すでに4-6節がそのデュナミスを隠れた仕方で貫徹した後に、すでにふれたように、7節に至って初めて現れてくる。さてこの愛の勝利が愛の決定的な、神的な絶対な「……ない」ということのうちにあるということ

---

11) 使徒パウロですら、例えば「義の奴隷」というような人間的な限界に基づく不適切な語の使用に関して許しを乞うている（ロマ6, 18以下参照）。
12) Schlier, Grundzuege, 67.
13) Schlier, Maechte, 11.
14) Conzelmann, Kom 321, 80.

は今や明らかであろう。だがしかし，外へ向けては端的に弱さや無力としてある，この「……ない」は，それが不義の力を忍苦する時に，どのような仕方で働くのか。一体何がこの忍苦のうちに起こるのか。愛のその「……ない」のうちに隠された勝利は，もしわれわれがそう言ってよいなら，端的に罪の力の根絶そのものなのである。罪の力は個々の罪の行いのうちに根を下ろし，そのうちで力を増大せしめ，また拡大しその支配を打ち立てていくのである[*15]。それはこの個々の罪の行いと人間の側からするそれへの同意から自己を養っていくのである。それなくしては罪の力は壊滅する。すなわち十字架の勝利である。

この個々の罪の行いは，その罪性とその不気味な隠れた力の次元を，その影響が，決して水が砂のうちに吸込まれ消えてしまうように消失することはなく，すべてを貫通し包み込み汚染するということのうちに有する。そのようなことは，例えば刺激，伝染，連想，連鎖反応，反作用その他多くのことのうちに起こる。しかし何時どこでこの力の反対の刺激や攻撃が立ち現れるかということは因果的な連関によっては必ずしも確認できず，このことが不気味さを深めているのである。なんとなれば，たとえあしきわざにさいして目に見える直接の反作用ないし連鎖反応というものが生じなくても，それらは心の傷痕，トラウマというかたちで残り，それが持続的に悪い影響を発散し，また反感情を形成する。悪のわざの影響はしかしながら無意識のうちに落ち込んでいくか，それどころか，それが「集合的無

---

15) Schlier, Grundzuege, 67f.

§4 アガペーを境界づける「ない」という否定（4-6節）　57

意識」となるということも考えられるであろう。そしてそれらはそこでヴィルスのように非活動化して眠り込んだようになり，それらが再び不特定の時と場所で活性化や悪性化するまで存続し続けることもできるであろう。簡潔に言えば，罪の行いの相互の結合は，時と場所の背後に隠れてしまった，とてつもない不気味な不透明な深みにあるのであり，――「それゆえそれを前にして恐れ驚愕するのである」*16。それらは過ぎ去り消えることなく，ちょうどエネルギー恒存の法則のようにそこにあり，止まるのであって，それはそれがたとえ連鎖反応のうちでの自己保存として常に確認されることがなくてもそうなのである。個々の罪の行いは互いにからみあい，そのもとに編み込まれ，最後には，それらは人間によっては最早打ち破れない固い網を形成する。

　そしてたとえ個々の網目がこの網を明らかに突き止めることをさせないにしても，人はその表面での現象においてかなりのことを知覚しうるであろう。それについて例えば悪徳表と呼ばれるものの一つであるロマ書1, 29以下を取ってみよう。そこには，「あらゆる不義（adikia），悪意，貪欲，悪にみちて，妬み，殺人，争い，偽瞞，邪悪でいっぱいであり，陰口をきく者，そしる者，神を憎む者，無法の者，傲慢な者，ほら吹き，悪事を企む者，親不幸者，無知な者，気まぐれな者，薄情者，無慈悲な者」とある。これらのすべての悪徳は，ここではとにかく最初に挙げられた不義のもとに包摂されよう。これはわれわれの扱っているアガペー賛歌の不義にあてはまるのである。そしてすぐ分かること

---

16) Schlier, Grundzuege, 68.

は，ここで数え上げられた行いが，モナドのように原子論的に互いに関連なく並べられているのではなくて，一つのものが他のものをしばしば予測のつかない仕方で呼び覚まし，生ぜしめてくることである。諺を用いれば，「売り言葉に買い言葉」とでも言うべきであろうか。しかしここではさらなる詳しい検討は無用と言えよう。薄情と訳した言葉（astorgos）だけを見ても，誰もがこの悪徳表から完全に除外はされえないということが見てとられよう。またこのカタログが，パウロにおいて範型的に異邦人にだけ妥当するとは言えない。というのはユダヤ人もここでは例外をなし得ない。単に一例をあげれば，自己の義，あるいは自己の正当性の主張すら争いを頻発させ，それはそれどころか最終的には大量虐殺に終わることすらあるのである。このようなことは自己の正当性の主張によることが最も多いということはだれしもが認めることであろう。

アガペーは，その絶対的な「……ない」ということによって不義を自分の死に至るまで忍苦する。このアガペーのラディカルな，徹底的に不義の力を「己れの上に受けること」は，この不義が，どのような仕方においても，罪の行いによってさらに遠くへ伝播して行くことはないということを意味する。いわば悪のエネルギーの「恒存の法則」はここで断ち切られるのである。力はその力という性格自体を失ってしまう。それはもはや，いわば抵抗を受けず，その意味でそれがさらに打撃を加えるような何物をも見出さないことである。いわば，それは空を打ち，力であることを止める。これこそがその端的な壊滅なのである。人間を覆い，巻き込み，そして捕らえておく罪の行いの網は，ア

§4 アガペーを境界づける「ない」という否定（4-6節） 59

ガペーが風のように吹くところでは，溶解し解体され崩壊するのである。罪の力は愛に飲み込まれてしまう。このことこそが，十字架上のキリストの体という次元で起こるのである。この出来事を力の物理学的法則と比べることが許されるなら，それをおよそ次のように言い表せるであろう。ある物体が圧力を蒙るとき，それは動かされるか，あるいは，同じことであるかもしれないが，その圧力に晒されている表面に，抵抗力としての反対の圧が生ずる。しかしこの抵抗力が生じないとすれば，圧力はそれ自体として反作用として存続はできず，それ自体消失するであろう。アガペーの絶対的な「……ない」ということは，罪の力の壊滅にさいして，これと全く類似して働くと考えられる。この事態を例えば「愛は悪を根に持たない」ということに読み取ることが可能であろう。そのさい悪ということは，テキストでそれに続く不義ということに包摂される。悪が絶対的な仕方で，いずこにおいても算出されたり，帰されたり，根にもたれたりすることがなければ，それは最早存続することができない。それは最早存立せず，その痕跡は見失われ，消滅するのである。

　イエスの十字架の体で起こったことこそが，この罪の力の壊滅なのである。ここではアガペーと罪の力の間での決定的な戦いが行われた。なぜなら罪の力はその力の喪失においてここでその力を最終的に投入したからであり，それも最早いかなる予備的な蓄えも残らない仕方で投入したからなのである。イエスの十字架において罪の力の全き可能な最後の圧縮と集中が，すなわち決定的な終末の戦いがなされたのである（Ⅱコリント5, 21参照）。

　これが，アガペーのデュナミスの証拠としての，イエス

の十字架上の死のパウロによる一つの解釈であると思われる。それはキリストの体における，敵対関係ないし敵意の壊滅であり（エフェソ2, 14-18参照），アガペーがキリストの体の次元として住みつくことであり，それは「十字架につけられた者」が人間においてゲシュタルト，すなわち形を取ることに他ならない（ガラテア4, 19「わたしの子たちよ，あなたたちのうちにキリストが形成されるまで，わたしはもう一度あなたたちを産む苦しみをしている」）。救いはそれで，パウロにしたがえば罪の力からの解放であり，世をイエスの体へと取り入れることであり，われわれのテキストの関連で言えば，アガペーのうちへの解放なのである。またロマ書8, 3も，そこではそれがどのような仕方で起こったかは書かれていないにしても，この意味で理解せられてよいであろう。すなわち，「神はその子を罪の肉の形で罪のために遣わし罪を肉において断罪したのである」[*17]。そのようにして，アガペーの次元，その止まり働く場所としてキリストの体が極めて明瞭に現れるのである。そこではまた愛の輝きがイエスの面に見られる。それは福音によってわれわれの心に輝き出るキリストの面にある栄光，ドクサであって，第一の創造における神の言葉により光が輝き出たことと比較され得るのである（Ⅱコリント4, 6参照）。

このようにアガペーは「死者を活かし，非存在者を存在者として呼ぶ」（ロマ4, 17）神のデュナミスなのである。アガペーは不義の壊滅の力，デュナミスであり，その「……ない」という，この無から（ex nihilo）その栄光であるドク

---

17) Schlier, RmKom 243.

サを輝き出させるのであり，アガペーは非存在者の存在への呼び起こしとして妥当し，そのようにして新しい創造そのもののデュナミスなのである。

§5　個々の文成分への注釈（4-6節）

_____

　さて，個々の概念の詳細にしてかつ厳密なる研究は，この論文の枠内ではその余地を見出せないため，ここでは愛の根本構造を明らかにするために本質的と考えられる，必要欠くべからざる注釈だけを挙げることにしたい。

I　肯　定　文

　13章4-7節については，次のことが言える。「4-7節は教会を建てる愛の働きを多くの動詞で表している。肯定形で書くものがあり，最初の二つが肯定形，次の七つが否定形，最後の五つが肯定形である。全部で14で，肯定と否定が半々である」[*1]。

ⅰ）「愛は真実を（とともに）喜ぶ」

　われわれの順序立てにしたがえば，さし当たって「愛は真実を（とともに）喜ぶ」という文が問題となる。ここでは愛に関して，まず第一に喜びについて語られるのである[*2]。

　喜びこそわれわれが愛について，その第一のものとして聞くところのものである。愛はそれゆえ常に「喜びへと調

_____

1)　泉，132。
2)　Bultmann, Theologie, 340.

律されている」，また「喜びへとその音調を合わせ，喜びの旋律を奏でる」[*3]，とでも言うことが許されるであろう。それゆえ喜びに代って愛について語られることもできる。実例を挙げると，パウロはテキストにおいて喜びと愛を同じ等級に格づける。

このことは，例えば，IIコリント書2,3以下に見ることができよう。そこでは悲しみの対立としての喜びの代りに，アガペーという語が出会われる。すなわち，「それはあなたたち皆に対して，わたしの喜びはあなたたち皆の喜びであるという確信を持っているからである。というのは，わたしは多くの患難とこころの不安のなかから多くの涙をもってあなたたちに書いたのである。それはあなたたちが悲しむためではなく，わたしがあなたたちに対して溢れるばかりに抱いている愛をあなたたちが知るためであった。」，と書かれてあるが，もともとパウロはここで「それはあなたたちが悲しむためではなく，喜びを持つためである」，と続けるのが当然であったであろうからである。そして続けてパウロは言う。「それゆえ，むしろ反対にあなたたちは許し慰めるべきである。そのような人がいっそう大きな悲しみに飲み込まれないように。だからわたしはあなたたちに彼にアガペーを示すように勧める。」（2, 7f.）ここでもまた，パウロは，「それゆえ彼を喜ばせ力づけるように勧める」と書くことができたはずである。

しかし愛が喜びであること，このことだけがここで言われているのではなく，ここでは愛の「共に喜ぶ」ということが強調されているのである。この「共に」ということは，

---

3) Schlier, Existenz, 131.

I 肯定文

まさに共にあることを意味している。この「共に喜ぶ」という動詞が、単にリズムのためにここに用いられている複合動詞にすぎないのであって、ここでの意味は基礎動詞のそれと同じである[*4]という意見は、ここではひとまず採用しないことにする。というのは、「共に」という前綴りはここで重要な意味を持っていると考えられるからである。それは、一体どこから愛がその喜びを汲み取っていて、どのような仕方で喜びへと調律されているかということに関わる。そして、自ずから明らかになるように、この真実と共にあることこそが愛をして喜びの旋律へと調律しているものなのである。それは、愛がいつかどこかで一度偶然に真実に出会い、それを見てそれについて喜ぶであろうということではなく……、愛はいわば真実と共に居住し、常にそれと共にあり、その近みにあり、そこから絶えざる喜びが湧き出るのである。

喜びはそれゆえ枯渇しない。それであるからパウロはまたフィリピ書 4, 4 以下にて、喜び自体を、近みにあるというそれとして説明し、そこから善意の寛大さ (to epieikēs)[*5] が流出するさまを述べている:「常に主にあって喜べ。もう一度言う、喜べ。あなたたちの寛大さがすべての人に知られるようにせよ。主は近い。」同じ事は明らかにわれわれのテキストである I コリント 13, 4-6 にも妥当する。ここでもまた喜びに寛大さと優しさ (善意) が続くのである。喜びとは本質的に近さ、あるいは近みにあることに関わる[*6]。

「共に喜ぶ」(sunchairein) という言葉は、パウロではまだ

---

4) Bornkamm, Weg, 102 Anm 26.
5) Barth, Philipperbrief, 122.
6) Heidegger, Hoelderlin, 24.

Ⅰコリント12, 26とフィリピ2, 17にみられる。ここでは特に後者に注意が向けられるべきであろう。そこでは「喜ぶこと」が二回も強調された形で「共に喜ぶ」と等置されて使われているからである。フィリピの教会は，たとえパウロの犠牲の血が流されたとしても共に喜ぶべきである。なぜならパウロの宣教がその犠牲の奉仕によって達成され，そこで効力を持つからである[*7]。それは，使徒とその教会はこのような仕方で相互に固く結ばれ，共に止まるからである。ここでは悲しみの根源にも喜びが存するということが確固としてある。ここでもまた喜び，共に喜ぶことは，共にあり近くあることに起因するのである。フィリピ2, 17以下では，われわれのこの動詞は，喜びが偶然の共在から発するという意味では使われておらず，ここで意味されているのは，共に喜ぶことが，主の近さに基づいて，使徒のその教会への近さと，その教会と共にあることを証しするということである。

　しかし，それと「共にあること」が愛の喜びであるような真実とはどのようなものであろうか。すでに述べたこと，すなわち，主の近さについての喜びということから，この真実はイエス・キリストにおいて証示された神の真実であるという結果が生ずる。テキストにおいては，すなわち6節では，それはまた不義 (adikia) の対立として把握されるべきである。この不義との対立における真実については，特にロマ1, 18や2, 8において語られる。しかしロマ1, 25や3, 5もまた考慮されるべきである。ロマ2, 8の真実—不義の対

---

7) Schlier, Philipperbrief 48.

置は，ロマ1, 18では「真実を不義のうちに抑圧する」として現れるがゆえに，われわれはここでまず1, 18を見てみることにする。この真実―不義の対置はロマ1, 25では，変化をつけた真実―虚偽という対置となっており，そこでは明瞭にこの真実が神の真実として述べられている。そのことからこの真実は基本的に「何か正しい宗教的道徳的認識（バルデンヘーヴァー）とか，正しい行為（ミヒェル）とかいったものではない」[*8]。パウロ的な意味での真実とは，原則的に神の真実（またⅡコリント 13, 8以下参照）であって，E. ケーゼマンが，さし当たって一般的な形で，「開示されつつある神の現実であり，神の性格またはその《真の本質》というようなものではない」と性格づけているようなものである[*9]。しかしながら，そこでアガペーが真実と共に現れるわれわれのテキストⅠコリント 13, 6にとっては，この説明をもって満足するわけにはいかないので，さらに詳しい解明のために，ロマ 3, 7へ移行しなければならない。というのはそこではまた神の真実について語られているからである。ここで真実は虚偽（pseusma）の対立として出会われるが，よく知られているように，それでもってまず対立する一対である神の真実（pistis tou theou）―不真実（apistia），そして第二に，それは不義（adikia）―神の義（dikaiosunē）（5節）でもって受けられている。神の義はここでは神の真実（pistis）と神の真実（alētheia）とパラレルに置かれている[*10]。それをもってして，神の義が，神の真実にとって代ることができるということが明らかである。それ自体は，神の真

---

8) Kaesemann, RmKom, 34.
9) Kaesemann, RmKom, 43.
10) Stuhlmacher, Gerechtigkeit, 86 ; Bultmann, ThWbNT I, 243, 20 ff.

実として,ここでは特にユダヤ人に関して(ロマ3,1以下参照)契約の真実として証示される。「ユダヤ人には神の契約を基礎づけ文字として記録する契約の言葉が委ねられた。ユダヤ人の不真実,例えば契約の掟の違反は,神の契約の真実を取り除きはしなかった。むしろそれによって神の真実は明らかになったのである……」[*11]。しかしながら,この契約の真実はコンテキストにおいてはどう見ても,創造の真実という次元にまで拡充されている:「その地平はしかしながらすみやかに広げられる。4節は最早ユダヤ人だけでなく,《すべての人間》(pas anthrōpos)に向けられている,そして6節は創造という考えが,初めに主導的であった契約の考えを押し退けるに至る」[*12]。パウロは6節で,内的に感銘を受け,「そんなことは決してあってはならない。なぜならもしそうであれば,神はいかにして世界を裁くことができるのか。」,と言っている。ここでは契約ではなく全コスモスについて語られている。神の真実(誠実,忠実)はここで見られるようにすべての被造物,すべての世界と関わる(ロマ8,20以下参照)。

　われわれがIコリント13章のアガペーを終末論的な視野において観察するなら,次のように言うことが許されるであろう。すなわち,ここでアガペーと共に挙げられている真実は信実としての忠実,誠実であり,それも全被造物に関する神の忠実であって,それは新しい創造へと向けられている。この真実と共に愛は,すでに述べたごとく,喜びによって貫き通されている。すなわち,このアガペーはそ

---

11) Schlier, RmKom, 95.

12) Mueller, Gottes Gerechtigkeit, 66.

I 肯定文　　　　　　　　69

の真実と喜びと共に被造物全体に，世界全体に関わるものなのである。

ⅱ) 真実の対立としての不義 (adikia)

この場所で，すなわち肯定文について論じられているところで，この肯定文と対をなす，「愛は不義を喜ばない」という否定文をいわば先取して，真実の反対概念としての不義について簡単に述べてみたい。

ここ13章6節の不義と訳されている adikia については，すでに先に述べられていることから明らかになっている。それは，誠実ないし真実の反対概念としての不誠実（ロマ3,3参照）であって，自己の被造物としての被造性の否定の表明に他ならない。このような基本的な意味で，使徒パウロの，「あなたがもらわないで持っているものは何か。もし本当にもらったのなら，なぜもらわなかったように誇る(kauchasthai)のか。」（Ⅰコリント4,7），という言葉も理解されねばならない。（またⅠコリント13,6の《高ぶる》(phusioun)という言葉もこの《誇る》ということに由来する）。真実の反対概念としての不義は被造物の不誠実の意味でまた虚偽(pseudos)を意味する（ロマ1,25参照）。それはその存在についての虚偽である。それはまた神の真実を虚偽なる力，すなわち被造物の自己強大性や自己の栄光へと根本的に倒錯することであり，それは互いに相容れないこととして錯誤であり虚偽なのである。虚偽とは創造者なる神の栄光の被造物の偽なる栄光へのすり替え[13]であり，それらは互いに排除しあうものであり，錯誤ないし虚偽にほかなら

---

13) ロマ1, 23. 26 : [met] allassein 参照。

ない*14。そのさい同時にパウロは、ロマ書1, 18から3, 20へと円弧を描き、この言葉の中に人間の個々の悪行全体を包みこむ。(結論としてのロマ3, 10-18参照)。すべての不義は先に仔細に検討された狭義のそれのうちにその根を持つのである。

それゆえ第1コリント13, 4-6に関して、締めくくりとして次のように言うことができる。6a節の不義とは、先に述べた根源的な意味に取られるべきであり、5d節の《悪》のみならず、否定文のすべてを対象としてうちに含んでいるのである。ここで神はそれを罰すると書かれておらず、愛はそれを喜ばないと書かれているのみである。

不思議なことには、ここで、アガペーがこのような不義を罰し、滅ぼし、それに打ち勝ち、それを挫き、それどころか粉砕してしまうとは言われておらず、アガペーについては全く控え目な表現がなされており、それについて、「不義を喜ばない」と言われる時、それはほとんど誤解を招くほど弱い感じを抱かせるのである。しかしながら、このように表現されている理由が、それに続く「真実と共に喜ぶ」という表現のパラレルをなすためであると言われるならば、それは当惑が産み出した解決にすぎないと言わざるを得ない。われわれは、むしろ直ちに問わざるを得ないのである。これが一体、愛、それどころか他の場所で、神自身が愛である、とさえ言われている (Ⅰヨハネ4, 8.16参照)*15、その愛が不義に対してなし得る唯一のことなのであろうか。「喜

---

14) Schlier, RmKom, 60f.
15) Schlier, Liebe, 193.

Ⅰ 肯定文

ばない」とは一体行為と呼びうるものなのであろうか。ロマ書1, 18に, 神の怒りは不義に対して天から現れている, と書かれているのではないか。しかし, どの様な仕方で神の怒りが下り, その裁きはなされるのか。

　実際にはここでは,「愛は不義を喜ばない」という文における「……ない」は, アガペーが示す寛容と優しさ（善意）のあり方以外の何物でもないことが明らかである。この寛容と優しさ（善意）におけるアガペーは, しかしながら神の栄光の, 人間の自己強大性および自己の栄光への倒錯において,《かれを自分自身に委ねる》こと, すなわちこの彼自身に《引き渡すこと》,《見捨て任せること》[16]において不可思議な仕方で, 効力を持つに至るのである。このことはロマ書1, 24. 26. 28の《引き渡した》(paredōken) という動詞によって明らかにされている。これはいわばアガペーの裏面としての裁きであり, アガペーに対して人間はそれを受けるか否か問われるからである。この裁きをパウロはロマ書1, 18で伝統的な《神の怒り》という用語で表し, 2, 8ではさらにそれに修飾語として《憤り》(thumos) という語をつけている（この二つの語の結合は新約聖書ではほかにただ2回だけヨハネの黙示録16, 19; 19, 15に見られる）[17]この最後の言葉はパウロのいわゆる悪徳表に現れるもので（ガラテア5, 20; エフェソ4, 31; コロサイ3, 8）, ここでは別の次元で神の怒りを強調するために用いられているのである。このように,「愛は不義を喜ばない」は, どのみち人間にとって生死を定めるほどに重要な状況を示しているのである。という

　16）　Schlier, RmKom, 59.
　17）　Kaesemann, RmKom, 43; Buechsel, ThWbNT, II 172, 31; Mattern, Gericht, 106; Poppkes, Christus Traditus, 39; Kaesemann, Saetze, 73 ff.

のはアガペーのこのもの静かな控え目ともとれる後退が，人間をして裁きの切迫さをも気付かぬものとしてしまうからである。それこそは心が闇となるとしてロマ書1, 21に描かれていることに他ならぬであろう。

ⅲ) 受容としての寛容と優しさ

ここでわれわれは，4-6節の幕を開ける最初の二つの文に到達したのである。「愛は寛容であり，優しい，愛は」[18]。これまででただ二つ残った愛の肯定的なこの規定は，すでに初めに述べたように，その位置づけからして全肯定的規定の中心的配置軸（Zentrierungsachse）と見做されるべきものである。寛容と優しさとは一つの面影の目にも等しく，すべての否定的な規定を通して輝くのである。

ここでは，この二つの文を交差配列法として受け取ることにする。すなわち，この二つの文はアガペーで始まり，アガペーで終わる。直訳すれば「愛は寛容であり，優しい（善意である），愛は」ということになろう。

さて4-7節のすべての陳述は，動詞によってなされていて，名詞形は用いられておらず，ここでは，《寛容》（makrothumia）と《優しさ》（chrestotēs）ということの動詞が使われている（後者はここでは仮に「優しさ」と訳す）。パウロにおいては，しかしながらこれら二つはその名詞形が主として出会われるのであって，《寛容》（makrothumia）という名詞は7回（ロマ2, 4; 9, 22；Ⅱコリント6, 6；ガラテア5, 22［エフェソ4, 2；コロサイ1, 11; 3, 12]）用いられ，それに対して《寛容である》（makrothumein）という動詞は2回（Ⅰコリント

---

18) hē agapē makrothumei, chresteuetai hē agapē.

Ⅰ 肯定文

13, 4；Ⅰテサロニケ5, 14）であり，《優しさ》という名詞は9回（ロマ2, 4；3, 12；11, 22 [3回]；Ⅱコリント6, 6；ガラテア5, 22 [エペソ2, 7；コロサイ3, 12]）見出されるのに対して，動詞はここで1回用いられているだけなのである。この動詞は全新約聖書に1回しか出てこないので，ここではその動詞としての文構成の文体的な事情から使用されていると考えられる。（LXXにもこの動詞は見られない）[*19]。以下の考究にさいしては，それゆえ主として名詞形を顧慮することになる。

　この二つの概念は相互に関連し重複し，その境界は最後には流動的であると言う他はない。というのは，アガペーは常に自己を優しさ（善意）で開くことであり，それによって，空間的には心の広がりとしての寛容さ，時間的には，忍耐する気長さというものが，神の許容と受容として被造物に開かれているからである。この寛容と優しさの一致という事態は，すでに後に検討するロマ書2, 4（Ⅱペトロ3, 15）からも見て取れる。すなわち，「それともあなたは神の優しさと忍耐と寛容とを軽んじ，神の優しさ（to chrēston）が，あなたを悔い改めに導くのが分からないのではないか」[*20]。ここで後にでる「優しさ」（chrēston）と前の「優しさ」（hē chrēstotēs）とがギリシャ語は異なっていても同じことを指す[*21]ということから，後の優しさが前の三つの「優しさと忍耐と寛容」を総括していて，寛容もまた忍耐も結局は優しさに属しているということが手に取るように明らかに分かる。

　パウロのテキストにおいて，寛容と優しさとはしばしば

19）　Spique, AgapeⅡ, 79 Anm 3
20）　Schlier, RmKom, 70; Horst, ThWbNT, IV, 384, 6ff.
21）　Schlier, RmKom, 70.

一緒に現れる。ロマ書2, 4以外にガラテア5, 22やⅡコリント6, 6がその例である。しかしながらまたコロサイ3, 12では，この二つはいわば一息で一緒に挙げられている。「だからあなたたちは，神に選ばれた者，聖徒また愛された者として心からなさけ，優しさ（chrēstotēta），謙遜，柔和，寛容（makrothumian）を着よ。」この言葉の順序をよく観察するなら，ロマ2, 4とコロサイ3, 12では両方で，まず優しさ（善意）が挙げられるが，両方の箇所で寛容と優しさはじかに結びつかずに，その間にいくつかの語が挙げられている。それゆえわれわれの解釈では，別の第Ⅰコリント13, 6の順序を辿ることになるが，一方優しさは総括的なものとしての上位概念ではないかという印象を受ける。しかし寛容—優しさという逆の順序もまた，優しさは結局最後には寛容のうちに示されるということを言っているとも考えられる。寛容は優しさの持続であり，絶え抜く能力であり，伸ばされた手であり，その力の場である。しかし，寛容はそれ自身同様にキリストからでる憐れみ全体を表すことができる（Ⅰテモテ1, 16参照）。

　事柄から言えば，この二つの概念は一体をなしているので，ここでは，それぞれの解明に向かう前に，この二つを含みかつ総括している根本的な言葉を見出すことを試みたい。このために提案されるのは，すでにふれた，《受容》ないし《許容》ということである。ただしこのことはテキストから見るとかなり幅の狭い痕跡しか見出せないのだが，事柄から言えば本質的なものであると考えられる。パウロはこのことのために，動詞の形で《受け入れる》（proslambanesthai）（ロマ14, 1.3; 15, 7; ピレモン17）という語を用いている。新約聖書でも1回だけロマ書11, 15に，この《受容》

という名詞形（proslēmpsis）が見られる。出発点となる箇所はロマ書14, 3と考えて良いであろう。すなわち，「というのは神は彼をも受け入れたのである」，という句である。かような陳述が，新しい創造，かつ新しいアイオーンの始まりを意味している十字架の出来事と結びついている限り，それは徹底的な，われわれの存在の根拠に関わる意味で理解されるべきである。すなわち，ロマ書15, 7に「それゆえキリストがあなたたちを神の栄光へと（を示し）受け入れたように，互いに受け入れよ」とあるように，われわれの存在とは《神から受け入れられた存在》に他ならないのである。この「受け入れる」という見出し語は，今やすべてのものの上に聳える頂点である。H. シュリーアは，この句に注釈して以下のごとく言う。「視野はここで再び人間の世界全体に広がり，救済史的に分かたれていたユダヤ人と異邦人の和解という根本的な出来事を念頭に置く」[*22]。

　さらに離反したユダヤ人の受容は，ロマ書11, 15では，——ここでは受容に名詞形が用いられている——，死者の復活以外の何物でもないのである。すなわち，「というのは彼らが捨てられたことが世の和解を意味したのであれば，彼らの受容は死者からの命でなくて何であろうか。」，とある。再びシュリーアを引用すれば，イスラエルは「コスモス全体の希望である。その棄却が世の和解であるならば，その再受容は終末論的な命であり，死を克服する神の支配の始まりである」[*23]。原則的には，このことは十字架上で啓示される神による受容は，ユダヤ人に関してのみならず，

---

22) Schlier, RmKom, 423.
23) Schlier, RmKom, 331.

一般に救済とは死者からの復活として考えられているということであり（Ⅱコリント1,9参照），それはまた創造以外の何ものでもないということである（Ⅱコリント4,6参照）。そのようにしてアブラハムの信仰に関して，「かれは死者を活かし，非存在者をあるものとして呼ぶ神を信じたのである」（ロマ4,17）と言われたのである。

　受容ないし許容という考えは，次のようなところまで深められうる。それは，すでに存立するところのものの受容であるばかりか，創造の行為それ自体が受容なのであり，われわれの現存在は，受容され，許容されてあること以外の何物でもないということである。そしてすべての受容は，ないところからあるものを呼び出す創造的行為である。この意味でここでは，「被造物とは無からのものであり，したがって被造物であり得るすべてのものは無である。」というルッターの言葉が想起されるべきであろう。

　存在を受けることをも含む，われわれが神から受け入れられた者であるという受容は，われわれの間で互いに受け入れ合うこと，しかも神の栄光の輝きとしてそれがなされることに結実しなければならない。ピレモン書17には，「だからあなたがわたしを仲間と見做してくれるならば，彼をわたし同様に受け入れて下さい」と書かれている[24]。

　ここで「受け入れる」（proslambanesthai）とは，「ロマ15,7aのように，『親切に援助を惜しまず（Zahn）受け入れる』という一般的な意味である」。そのようにそれはまた神による（14,3），またキリストによる（15,7b）受容との関連で理解されるべきなのである」[25]。受容ということをわれわれ

---

24)　Gnilka, Kom 83.

I 肯定文

はこの一般的な迎え入れ，認めることとして理解すべきであり，その反対は「拒絶する態度」と言える[26]。人間とは，否一般に存在者は，それが認め受け入れられる限りにおいて，初めて有ることができるのである。

この試みによってまずわれわれは，ヘレニズム的な「優しさ（善意）（chrēstotēs）」という言葉を受容ということから，説明しようとした。なおわれわれの手順がパウロのテキストから全く離れてしまってはいないということが，まだ明らかにされるべきである。それらの関連は，実際にロマ 11, 25 が同じくロマ 11, 22 との関連で観察される時，明らかになる。11, 22 は，「神の優しさと厳しさとを顧みよ」とあるごとく，二つのヘレニズム的語彙[27]は，すなわち，優しさ（chrēstotēs）と厳しさ（apotomia）との対比を含んでいる。22b 節はその上で，優しさを異邦人に，厳しさを離反したユダヤ人へと関わらしめる。他方，この厳しさは最後には 15 節で最終的な受容，すなわち死者の復活と等しきこととして明らかにされる。ここでは厳しさは，神の寛容が人間をそれ自身に委ねてしまう，すなわち人間をそれ自らに引き渡してしまうプロセスであって，それは神のもともとの意図，すなわち悔い改めに反して滅びへとつながって行きうる。しかしながらこの場合でも，死者の復活にも等しい窮極の受容への希望は与えられているのである。受容はそれゆえいわば厳しさをも飲み込んでしまい，それによって，さらに，厳しさとは，——後にこのことにはまたふれるが——，優しさの外皮であることが最終的に明るみに出され

---

25) Schlier, RmKom, 402.
26) Schlier, RmKom, 402.
27) Schlier, RmKom, 3, 35f; Stuhlmacher, Gerechtigkeit, 12.

るのではないか。さらに，受容とは死者の復活のごとくであることによって，神の優しさの一番終わりの表明であることが明らかではないか。それゆえ，神の最後の言葉は受容であって，それは神の優しさ以外の何物でもない。

iv）「愛は寛容である」

受容ということを上記のような視角から眺めつつ，今や寛容ということへの説明に移行する。寛容である（makrothumein）という動詞は，続く chresteuesthai の1回に対し，新約聖書で10回出る（マタイ18, 26.29; ルカ18, 7; Ⅰコリント13, 4; Ⅰテサロニケ5, 14; ヘブル6, 15; ヤコブ5, 7.8; Ⅱペトロ3, 9。ちなみに名詞形（makrothumia）は全部で14回用いられている; ロマ2, 4; 9, 22; Ⅱコリント6, 6; ガラテア5, 22; エフェソ4, 2; コロサイ1, 11; 3, 12; Ⅰテモテ1, 16; Ⅱテモテ3, 10; 4, 2; ヘブル6, 12; ヤコブ5, 10; Ⅰペトロ3, 20; Ⅱペトロ3, 15）。寛容とは，忍耐を持ち，待つことができること，寛大であることを意味する。そして名詞形（makrothumia）は，忍耐，確固たること，耐久力，寛大さなどを意味する[*28]。似たような句は，Ⅰテサロニケ5, 14「すべての人に対し寛容であれ」と言えよう。

Ⅰコリント13, 4でアガペーが寛容の主語であり，それが優しさと手と手を組んでいるごとく，寛容はしばしば優しさのみならずアガペー自身と結ばれて現れる。

ほとんど範型的な例とも言える，ガラテア5, 22を除いても，まず次のごとき，Ⅱコリント6, 4以下が挙げられねばならない。「むしろわれわれはあらゆることにおいて神の奉

---

28) BauerWb 964f.

仕者として己れ自身を推薦している，多くの忍耐において，患難において，困窮において，不安において，……知識において，寛容において (en makrothumia)，優しさにおいて (en chrēstotēti)，聖霊において，偽りのない愛において，真理の言葉において，神の力において……」。ここでは使徒的実存のあり方として，寛容と優しさ（善意）が，それも聖霊と愛と結びついて，共に現れる。ここでは基本的に使徒的な奉仕[*29]と関連しており，それもパウロの使徒的な奉仕における「十字架につけられた者の時の現前」[*30]が問題となっているのである。それゆえ寛容と優しさ（善意）とは，イエスの十字架上で申し出られた和解の顕現（エピファニー）となり，使徒的実存はその奉仕において「十字架につけられた者の『終末的な時』の現前の場である」[*31]。使徒の実存の寛容と優しさと愛は，それゆえ最後には十字架につけられたキリストの愛の顕現の場所なのである。十字架につけられた者の現前としてアガペーは使徒の体に現出する。このことからまた次のような結論が生ずる。Ⅰコリント13, 4-6でのアガペーは，最後にはイエスの十字架という愛の出来事へと帰し返されるのである。

　この様な考えが正当なものとして証示されるなら，そこで同じく聖霊の結実として愛と寛容と優しさが挙げられる，ガラテア5, 22も明るみへともたらされる。というのは，霊は十字架につけられた者としての「キリストの自己開示の力」[*32]であるがゆえに（ロマ8, 2以下参照）霊の結実は，「キリストはその霊において自分を，次のような仕方で開示す

---

29) Bultmann, Exegetische Probleme 20.
30) Guettgemanns, Der leidende Apostel, 322.
31) Guettgemanns, 322.

る。すなわちキリストの霊が，われわれの人格と命を自分のうちに組み入れ，われわれをキリストの支配領域とするような仕方で開示する」[*33]——それは使徒的奉仕における十字架につけられた者の顕現のあり方と合致する。

新約聖書においては，それ以外にはいわゆる徳目表と呼ばれるものがあり（IIコリント6, 4以下も通常それに含まれる），そのうちで時に寛容が出会われるが，しかしそれらの表では統一的な構築はほとんど確認できない（Voegtle, Kataloge, 47）。特徴的なことは，あらゆる徳目表を通して絶えずアガペーが出会われることである。（ガラテア5, 22; IIコリント6, 6; エフェソ4, 2; コロサイ3, 12以下; Iテモテ4, 12; IIテモテ2, 22; 3, 10）[*34]。

寛容に関しては，さし当たって，コロサイ3, 12以下とエフェソ4, 2以下が挙げられる。それらの箇所は次の表に見られるように，互いに驚くばかりの類似を見せていて，ほとんど定式化されているようにも思われる。

エフェソ4, 2	コロサイ3, 12以下
	優しさ（chrēstotēs）
謙遜	謙遜
柔和	柔和
寛容（makrothumia）	寛容（makrothumia）
愛において	
互いに忍び	互いに忍び
	愛……完全さのきずな

---

32) Schlier, RmKom, 247.
33) Schlier, RmKom, 247.
34) Voegtle, 46.

これは本来は「徹底的に考え抜かれた陳述」である。しかしながら，エフェソ4, 2では「優しさ」（善意）という語が欠けている。ここでは，謙遜，柔和，寛容が優しさを形成していると考えられているのだろうか。

　とにかく，ここでの共通の出発点である謙遜（tapeinophrosunē）はテキストの上からはそれぞれキリストへと帰着する（エフェソ4, 2；コロサイ3, 12参照；またこれはマタイ11, 29「というのはわたしは柔和で心が謙遜である」という句を連想させる）。それも，初代キリスト者にとっては，常にそして最終的に十字架につけられたキリストへと返る（フィリピ2, 3を2, 8と比較せよ）。A. フェークトレは次のような正しい判断を下している。「謙遜という語のエフェソ4, 2と，コロサイ3, 12の柔和と寛容より先の言及は，偶然ではなくて，その前提と効果という関係に根ざしているのであろう。柔和（隣人の不正や不完全さに対する永続的な親切な心掛けによる愛を果たすこと）と寛容（不親切な心掛けを妨げること）を並べて置くことは正に適切である……」[*35]。

　以上の二つの箇所から，寛容ということは，そもそも十字架のへりくだり（謙遜）に基づいて，それも愛のうちに起こったのであり，寛容ということで，常に愛と関わる出来事が考えられているのである。この論文にとって，H. シュリーアのエフェソ4, 2への注釈は模範的である。それゆえここで少し長い引用をすることが許されるであろう。寛容は，「一つのことのうちに二重のことを示す，すなわち，広い心（Langmut）と気長な心（Grossmut）である。それはキリスト者の独特の徳としての，愛から発する，気の長い（我慢

---

35) Voegtle, Kataloge, 47.

強い)，かつ心の広い，隣人を耐えかつ我慢することなのである。そしてそれはまた固有の権利を，謙遜でかつ柔和に，後まわしにすることであり，それどころか事情によってはそれを放棄することさえも含むのである。まさにそれがゆえに，寛容はしばしば謙遜と柔和と並んで浮かび上がるのである。そのさい気の長い我慢強さと，広い心との間には内的な連関が存する。我慢強さは，それが存立するために，心の広さを必要とする。逆に心の広さは気の長いことを前提としている。しかしながら一つであるこの二つ，すなわち寛容は謙遜と柔和の協力者であって，また逆に我慢強い心の広さは，真実であるためには，謙遜と柔和を欠くことができない。そしてそのようにして平和の一致を可能にし，それを守るのもまた寛容なのである」[36]。

　寛容と優しさというこの二つの概念は無条件に互いに頼り合っているのである。それゆえ，「個々の概念の間の境界設定は特に大きな意味を持つものではなく」，「一つの考えは他のものへと移行して行くという理由で」[37]また限界に達してしまうのである。

　さらに他の注意を引くのは寛容（makrothumia）と忍耐（hupomonē）の結合である[38]。「あらゆる忍耐と寛容をもって」（コロサイ1, 11）とあるが，その場合この忍耐ということは，エフェソ4, 2とコロサイ3, 12以下の「互いに忍び」ということに近い。IIテモテ3, 10では寛容と愛と忍耐[39]が並んで挙げられている。ここでは，真中にあるアガペー

---

36) Schlier, EphKom, 182f.
37) Schlier, EphKom, 183 Anm 1.
38) Lohmeier, KolosserKom, 36 Anm1.

の前衛として寛容が，後衛として忍耐が並んでいるように見える。ここで，その配置がコロサイ1,11のように，正確にⅠコリント13,4と13,7に相応していることについては驚きを禁じ得ない。Ⅰコリントの箇所でもアガペーの陳述は，寛容で始まって（4節），忍耐で終わっている（7節）。これらの配置はひょっとすると共通の伝承的な公式化に帰されるのだろうか。寛容はある意味で忍耐なのである。ただし，Ⅱテモテ3,10の配列順はむしろ，コロサイ書をも含むパウロの手紙への依存を示すものであるのではないか。というのは，Ⅱテモテ書が執筆された時には，すでに収集されたパウロの書簡集（Corpus Paulinum）の存在が推定されるからである*40。Ⅱテモテ3,10はそれゆえむしろパウロの生涯についてのすでに知られていたキーワードとでも言えるものであったのではないか（Ⅱテモテ3,10:「しかしながらあなたは，わたしの教え，生活態度，志……に従った」）。さてそれはともかく，Ⅱテモテ書には，愛の寛容と忍耐の本来の事柄に即した結合が保持され残っており，アガペーの本質的特徴というものが，まだ失われずにある。アガペーと忍耐の決定的関連についてはⅠコリント13,7の解明のさいに詳しく立ち入らねばならない。

　最後にまだ一つの箇所で，イエス・キリストの啓示の在り方全体が，寛容，それも「あらん限りの寛容」としてしるしづけられている（Ⅰテモテ1,16）。したがって，ここのうちにはたしかに優しさという意味もまた一緒に含まれており，この寛容は明らかに十字架への志向を含んでいるの

---

39) makrothumia, agapē, hyopomonē.
40) Barnaba, 4, 14; 2 Klemens, 2, 4.

である。ここで意味されているのは，イエス・キリストにおいて示された罪人への神の寛容（1, 15参照）なのである。

忍耐（寛容）に関してわれわれは，いわゆる徳目表について述べ，そのさいキリスト者の忍耐は，キリストにおいて示された神の忍耐にその根拠を持つものであることを見た。そこでこれから神の忍耐そのものに話が向いて行く。それは必然的に裁きの問題と関わる。

さてここでは，さし当たり次のことが強調されるべきである。ユダヤ教におけるがごとく，パウロでも神の忍耐は神の怒りに合せられている。「怒り」は全くユダヤ教からの概念でいわゆる emotional なものでも，地上的に言われているものでもなく，神の裁きと同義である。裁きの別名と考えればよいであろう。また神の義も同じくユダヤ教の概念で神の真実と同義である。それについては神の真実としてすでに説明した。

一般にはロマ2, 4; 9, 22（またルカ18, 1-8; ヤコブ5, 7; Ⅱペトロ3, 9以下など）参照。すなわち神の寛容（忍耐）は，その怒りとの関連において見られなければならないので，ここでは説明の簡潔性を重んじて，このことに立ち入ることを控えたい。

v）「愛は優しい」

愛の次の本質的徴表として使徒パウロは「優しさ」を挙げる。すでに述べたように，chrēsteuesthai という動詞は新約聖書で1回使われているのみなので，chrēstos/chrēstotēs から説明すべきである。この語はロマ2, 4に神の「優しさ」として，その忍耐（anochē），寛容（makrothumia）と，ここ

とは逆の順序で用いられている。この用語も，しかしまた幅広い用法にわたっているので，ここでは初めから一つの決まった意味に制約してしまわないで，それをその広い広がりで眺めていくことを試みたい。

　Chrēstosということはchrēsthaiということから，《有用な，役に立つ》（ルカ5, 39参照）ということを意味している。人間は，それなしには何か特定のことが出来ない場合，あるものないしあることを必要とする。あるものがその有用性において良いという意味合いでである[41]。われわれは，この語にさし当たって有用性の意味でただ《良い》という語を当てて見よう（Ⅰコリント15, 33参照）。そしてこれによってさまざまな，富んだ，色とりどりのアガペーの《良い》ということを際立たせてみよう。例えば，ある道具が良いならば，それは役に立ち，助けとなる。天気が良ければ，それは晴朗さを意味している。気候が良ければ，それは温和であること，温暖さや穏やかなことを意味する。もし仕事なり，何かの環境が良ければ，それは心地良く，平和なことを意味する。住むのに良い場所があれば，それは広さや静けさを意味する。もしある期日が具合が良ければ，それは恵まれていて都合が良いのである。もしある忠告が良いものであれば，それは有益である。もしある業者の仕事の仕方が良ければ，それは公正である。もしある人が良く義務を果たすなら，それは誠実である。もしだれかの気分がよいなら，それは喜ばしいのである。ある雰囲気が良いなら，それは慰めに満ちている。もしある人が良い人なら，その人は親切であり，善意の人である。ある父親が良いな

---

41)　Weiss, ThWbNT, IX 472, 10 ff.

ら，その父は優しい。確かにこのような例は限りなく増やすことが出来るであろう。しかしながら上に数え上げたことからだけでも，すでに，この言葉が《助け》，《役立ち》，《晴朗》，《温暖》，《温和》，《心地好さ》，《平和》，《静けさ》，《有益》，《公正》，《誠実》，《喜び》《慰め》，《親切》などを含んでいることが分かる。ここでは一応，辞書の chrēstos という項目に現れるような具体的な良さを取り上げたに過ぎない。動詞が他に出ないのでこのような例による。取りまとめて言うと，至る所でここにあるのはこの《良さ》ということなのである。

　これに対して，この《優しさ》ということばが，その《有用な》という基本的な意味で取られたとするならば，アガペーの優しさとは，人間がそもそも生き，そして人間として生存するために必要とするもの，ないしは，ことを意味しているのである。それどころかもっと突っ込んで，人間は特定の名をもった特定の人間として存在するために《優しさ》を必要とすると言えよう。

　特別に新約聖書のテキストに関しては，われわれはいくつかの特定の箇所にしぼって話を進めなければならないであろう。以上先に基本的な意味で言われたことが，好き勝手な誇張でないことは，いくつかの僅かな聖書の箇所からだけでも看取することができるであろう。

　ここではまず第一にルカ6, 35が挙げられる。「しかしあなたたちは自分の敵を愛し，善きことをなせ。また何も受けることを期待せずに貸しなさい。そうすればあなたたちの報いは大きいであろう。そしていと高きものの子となるであろう。というのは，いと高き者こそ，恩知らずや悪人に対して慈悲深い［《優しい》(chrēstos)］のであるから」。

いわゆるマタイの山上の説教に当たるこのルカの書き方がエフェソ4, 32に反映していると考えられる。「互いに親切で (chrēstoi)，情深くあれ。神がキリストにあってあなたたちを許したように互いに許し合え。」ルカの言葉は，マタイのもたらす，《完全な》という言葉が用いられるヴァージョンによって補われる (5, 48)。（Ιコリント 13, 10ではアガペーは《完全なもの》と名づけられているのである）。

　ここでは悪しきも良きも，すべての人間が視野のうちに入っている。このルカとマタイの伝える言葉は，それゆえ神がすべての人間を，彼らが，そこに在るところの人間として在るがゆえに愛するのであると，述べている。すでに言及した，ルカにより特別に強調された神の《優しさ》と敵を愛すること (6, 35) との結合は，全く明晰にこのことを表現しているのである。すなわち神はすべての人間を，その人間がどのようにあるかということに関係なく愛する。神はその人間をその人間がまさにあるその者として愛するのである。この神のその人間への一回的なアガペーのうちにのみ，究極的にはその人格の一回性ということが成立しているのであって，これは神にとって，そして神から見てかけがえの無き，比較し得ず，それ無しですまされ得ず，失い難きものを意味している。そしてさらに深い見地からは，このアガペーのうちにおいてこそ，この人間が彼自身であり得，それぞれの人間の自己同一性，いわゆるその人格存在がそのアガペーのうちに根拠をもっているのである。あらゆる人間は，自分自身知り得ることなしに（Ιコリント 13, 12参照），自分自身であるために，特定の名を持つ個体であるために，神のアガペーを必要としている。このことはアガペーと創造の関係を考えれば明らかになることであ

ろう。

　アガペーの《優しさ》は，それをもってわたくしの存在の根拠であり，その基礎である。それは，わたくしより以前に，常にわたしが受け入れられた者としてあるというアガペーの先行性である。このアガペーによってわたくしのわたくしへの近さはすでに追い越されたものである。すなわち神はわたくしがわたくしに近くあるよりも，わたくしに限りなく近くあり，ほとんど次のように言えるかもしれない。すなわち，わたしのわたくしへの愛は，神のわたくしへの愛のかすみぼんやりした輝きに過ぎない。ここから，「というのは全律法は一つの言葉『あなたの隣人をあなた自身として愛せよ』ということに成就される」(ガラテア5, 14; ロマ13, 8.10; マルコ12, 29以下; ルカ10, 25-37; マタイ22, 39参照)。ここではわたくしの固有の愛は出発点として前提されている，ということは，わたくしのわたくしへの愛というものは，本来的には神のアガペーのうちに成立し，その根拠をもつのである。

　このように神のアガペーからして見たとき，すべての人が隣人になるのである。それゆえ，「あなたの隣人をあなた自身として愛せよ」，と言えるのである。神のアガペーにとっては名のない人間はいない，というのは人間は，神から名付けられ呼ばれることの可能性のうちにその根拠をもっており，それに反して，力と権勢は，名もなく顔も無いものなのである。

　このようなアガペーが，先にエフェソ4, 32に関して見られたごとく，イエス・キリストにおいて明らかになったのである。またエフェソ2, 7においても，「われわれに対するイエス・キリストにおける優しさ (en chrēstotēti) における

彼の恵みの溢れるばかりの富」と書かれているが，ここでは，「神の《優しさ》はいかにして彼のイエス・キリストにおける恵みが異邦人ないしすべての人間の上に来たかという仕方である」[*42]。この《優しさ》は，テトス3, 4では《人間への愛》と結合して現れる。すなわち，「われわれの救い主である，神の《優しさ》（chrēstotēs）と人間への愛が現れたとき，それはわれわれが義のわざをしたからではなくて，その憐れみによって，彼はわれわれを救った。」ここでもまた神の《優しさ》── ここではそれは同じ文中の《憐れみ》に近い概念であると思われるが，何らかの人間の側からの功績もなく無償で与えられることが強調されている。同様にⅠペトロ2, 3の「主は《優しい》」という言葉はchrēstos ho kurios（詩篇33 [34], 9参照）というアクラマツィオーン（賛美の叫び）のようにさえ聞こえるのである。

　イエス・キリストにおけるこの啓示において，神はそのアガペーにおいて，われわれにとり，初めて神なのである。他に言葉で言えばここでわれわれにとって神の，そしてイエス・キリストの自己同一性が明らかになったのである。そしてそのうちで初めて，神の根拠なきアガペーへの答として，神を，その与えられたアガペーをもって愛するという可能性が生じるのである。この神への人間のアガペーは，最終的には，神が神であり，キリストがキリストであること以外にその根拠を持たない。イエス・キリストの十字架上の献身こそが，神が神として，キリストがキリストとして明らかにされた場所なのである。ガラテア2, 20もこれ以外のことを言おうとしているのではない。「……わたくしは

---

42) Schlier, RmKom, 335, Anm. 7.

わたくしを愛し，わたくしのために自分自身を引き渡した神の子の信仰において生きている。」これによれば御子の自己同一性は十字架上の献身において明らかになったアガペーにおいて成立している。シュリーアはこれについて次のような的確な注釈を加えている。「信仰はそれゆえ第一に，神の子に関わるが，しかし第二に，それは信仰が'わたくしに'的中する彼の愛の自己献身の行いに固着しているという仕方で関わる。ここで問題とされる信仰はそれゆえ，信仰が神の子を信じながら，救世主イエスの献身による愛の具体的行為において信仰者に示された愛を信じるのである」[43]。このアガペーの啓示を，すなわちキリストの自己同一性を除いては，十字架の必然性のための十全な説明はない（Ⅰコリント13, 12参照）。

それで人間はまた神をいわば理由もなく，ただ神が，イエス・キリストにおいて啓示をなしたその神であるから，愛することが許される。このことから，人間の答としての信仰は《優しき》ことであるということが，明らかになる。実際に，イエスは「わたしの軛は《優しく》(chrēstos)，わたしの荷は軽いからである」と言う（マタイ11, 30参照）。イエスは「……この彼の使信をユダヤ教のそれに対置し，《優しい》(chrēstos)」という言葉に，彼の使信と人格のうちに明らかになった神の優しさと親切さの豊饒さを置いたのである[44]。

この機会に人間の神への愛についての若干の注釈をしておきたい。パウロが比較的まれにしか，「神を愛する」(agapan

---

43) Schlier, GalKom, 102f.
44) Weiss, ThWbNT, IX, 476, 24ff.

ton theon）ということについて語らない（ロマ8, 28; Iコリント2, 9; 8, 3参照），またこの意味でアガペー（agapē）という名詞を使用していないということはよく知られた事実である。A. ニーグレンは「絶対に自発的で動機づけられていない」[*45]神の愛としてのアガペーの本質についての彼のテーゼから，パウロはおそらくは「人間の神への愛について語ることをまさしく避けようとしたように見える」，という帰結を引き出した。アガペーはパウロにとって「圧倒的な現実であったので，一般に，この同じ気高い言葉をわれわれの神への愛のための名称として使うことをおそれて控えたのである」，と言う。しかしこの問題点に関しては，H. シュリーアと共に，このような主張は「パウロ的でも一般に新約聖書的でもない……」[*46]，と答えねばならぬであろう。シュリーアは，イエス・キリストにおける神の愛によって迫られた信仰者は，その受けた愛において神に答えるのであり，その答えこそが愛された者の愛なのであると述べる。確かに寛容とか忍耐とか慈悲深いとか，神の人間へのアガペーの徴表は，そのままの表現で人から神への愛を語ることにはならないし，それを神に対して用いることを恐れ控えるのは当然である。しかし，人の神への愛は迫り来る神の愛によっていわば触発される愛であって決して，人間それ自体から発するような，またある定まった属性的な人間の行為ではない。さらに一歩進んで言えば，このイエス・キリストにおける神の愛によって切迫されているということ自体がその者の神への愛に他ならないのである。「キリス

---

45) Nygren, Eros et Agape, 133.
46) Schlier, Drei, 72.

トの愛がわれわれに迫る」（Ⅱコリント5, 14）ということ自体が神を愛することに他ならないのである。神への愛は、われわれがキリストの愛を感受し、その上でわれわれの行為としてなにかを行おうとする、というようなこととは違う。キリストの愛が迫ることはすでに同時にその愛に心が開かれてあることなのである。それ自体がすでに神へのアガペーなのである。

　パウロにおいてアガペーが収斂するところ、すなわち十字架の出来事は、いわば、あらゆる人間への神の愛の注視なのであり、それは各々の人それぞれに対し比較できない仕方で起こっているのである。従って、人間が最後には──これはニーグレンへの答となるが──、どこからか動機づけられて神を愛しているのではなく、それはただ神が神であるから、そして神とは「自身の御子さえ惜しまず、彼をわたしたちすべての者のために引き渡された」（ロマ8, 32）ところの神なのである。神はこのような者としてわれわれの神なのであり、その比較が不可能なことが神の本性であり、したがって、神は愛であるという陳述が成立するのである。キリスト者の神は最高善の絶対者というような神の普遍的属性のようなところから求められるのではない。一回的に愛された者としての信仰者の愛は、その者の存在にいつも先行しつつ、愛する神の注視に向けられている。そのようにしてこの一回的なアガペーにはそれに対する一回的なアガペーのみによって答えられるのである。神の愛は、われわれが、彼が神であるがゆえに神を愛することができるために、われわれにその同一性を開示したのである。

　締めくくりとして最後に残った《優しさ》についての箇

所，ロマ書11, 22以下に移行する。「だから神の優しさ（chrēstotēs）と厳しさ（apotomia）を顧みよ。倒れた者たちの上には厳しさが，だがあなたの上には，もしあなたがその優しさに止まっているならば，神の優しさがあり，もしそうでなければ，あなたもまた切り取られるであろう。そしてかの者たちも，もし不信仰に止まらないならば，接ぎ木されるであろう。というのは，神は彼らをもう一度接ぎ木する力を持っているのだ。」Ⅰコリント13, 6の《優しさ》に関して，その反対は'厳しさ'ではあるが，優しさもまた厳しくあり得る。優しさは常に厳しさを通して注視している。優しさの厳しさは決して苛酷さや辛辣さではない。それは常に穏やかさというものをそこに持っている[*47]。

　このことは確かに，優しさと厳しさが対立して言及されている，ロマ11, 22に依存して言われている。しかしここで浮かんでくる問いは，このような説明によって優しさというものがそれに対立せしめられている厳しさというものによって制限されてしまわないか，ということである。しかしながらコンテキストを詳しく観察することによって，厳しさは根本的には優しさから派生している，ということが分かる。というのは神の優しさは根本的に，恵みとして何ものも前提されないところで与えられるのである。（ロマ11, 6:「もし恵みによるなら，もはやわざによるのではない。そうでなければ恵みはもはや恵みとはならない。」）優しさはこのような恵みとして creatio ex nihilo を言っているのである（ロマ9, 20参照）。もしも人間が神の優しさでなく，何か他のものに支えられるなら，すなわち，彼が根によって支え

47）　Schlier, Liebe, 189.

られていることを忘れるなら，（ロマ11, 18「あなたが根を支えているのでなく，根があなたを支えている……」参照），神の優しさは最早現れ得ない。なぜなら神の優しさは何もない無たるところにはじめて優しさとして現れるからである：「というのは神は……容赦しないであろう」（ロマ11, 21）。

　この容赦をしない，ということは，ここでは厳しさのことである。この厳しさはしかし実際には無前提のアガペーの上に働くということであって，それはアガペーが何も前提しないときに，それ自身であり得るからである。それゆえ優しさは優しさでありうるのである。厳しさは，むしろ，それを通して常に優しく注視する，このような優しさの外側の形態とでも言ったらよいであろうか。「一日中わたしは不従順で反抗する民にわたしの手を差し伸べていた」（ロマ10, 21）と書かれてある通りなのである。

Ⅱ　否　定　文

i)「愛は妬まない」

　否定文のうち，「愛は不義を喜ばない」という文については，すでに説明をしたので，ここでは最初の否定文（6節），「愛は妬まない」の注釈で始めよう。「妬む」(zēloun)という動詞（新約聖書では11回，そのうちパウロは8回）は，ポジティヴな意味では，「熱心に努力する，努める」，「熱心に骨を折る」同様に，ネガティヴな意味では「嫉妬，または妬みで一杯になる」というような意味で用いられる。

　ここでは，動詞のみでなく「妬み」(zēlos)という名詞も顧慮することが有益であろう。この名詞もまた同様に良い意味でも悪い意味でも使用される。従ってパウロ自身もま

たこの語を，一般に普及しているように，良い意味で用いていることは疑いを入れない（Ⅱコリント7, 7.11; 9, 2; 11, 2参照）。このことから見て，「愛は妬まない」ということで否定される否定的意味では，この動詞は，通常なされているように，《妬む》と訳されることが当たり前と言えよう。それに反して問題であるのは，《妬む》ということで，この語のもつ否定的な意味のフィールド全体を覆うことが出来るかということである。というのはゼーロスというギリシャ語がそもそも《熱心》という基本的な意味を持ち，そこから《競争心，相手に負けまいとする気持ち》，《嫉妬》というふうに意味が展開したと考えるならば，その意味のフィールドを，頭から単に互いに排除し合う否定的と肯定的な面に分類して考えることによってはその意味の根源的深みは洞察できないのではないか。ここではこのような簡単な分類により意味を決定してしまう道には異義を唱えたいと思う。ここでは，そのさらにニューアンスに富んだ基本的意味を，《直接的な情動において遂行される，ある人または事柄へ自分をもっぱら方向づけるということの能力あるいは状態》[*48]というふうに受け取りたい。そして《妬み》または《嫉妬》というようなことは，そのことから由来する意味として考えて見たい。

　それでここでは，《不義》(adikia) の第一の要素としてある種の《熱心》自体，すなわち，第一の意味で，愛に反して己れを貫く熱心というものが，挙げられなければならない。すなわち，ここですぐにパウロのコンセプトに従えば，ユダヤ教的な自己の義が考えられるであろう。パウロの回

---

48) Oepke, ThWbNT, II, 879, 24 f.

心以前のこの意味でのゼーロスについては後に述べる。

　《己れを，自己固有の事柄，その関心，利益からあることへと向ける》ことの情動的熱心さが，アガペーとまったく正反対の対極にあることは，それが常に《自己を自己に拘束し，鎖で繋ぐ》結果をもたらすということによって，究めて明白であろう。この概念自体は共観福音書には見られないが，信心深さの形式としての熱心さがイエスによって拒否されている。

　パウロのテキストに関して言えば，この語のためにはさし当たり，ロマ13, 13; IIコリント12, 20; ガラテア5, 20などの箇所の，いわゆる悪徳表が参考になる[*49]。ゼーロスということで単純に「通例の妬みという zēlos の訳」[*50]としての《嫉妬》が考えられていないことは，ガラテア5, 20以下から最も容易に見て取ることができよう。なぜならそこの同じカタログの内にそれに加えて phthonos という語が見られ，これが普通《妬み，嫉妬》と訳されるものであるからである。ゼーロスとはここでは，疑いもなく，「有害な熱心」（第一クレメンス4, 7参照）としてのある人物の動機となっている力の意味で理解されるべきなのである。たとえばこれをよりよく明瞭にするためプラトンのフィレーボスでエロースとゼーロスとフトノスが並んで挙げられている場所を参考にすると良いであろう（47e; 50b [c]）。悪徳表にとって特徴的なことは，ゼーロスが，常に《争い》(eris)，または《争い心，党派心》(eritheia)と結びついて現れることであるが，その際，《争い》が先頭になっている。そしてIIコリ

---

49) Voegtle, Kataloge, 13f.
50) Oepke, ThWbNT, II, 882f.

ント 12, 20 とガラテア 5, 20 ではそれぞれそれに《憤激》（thumoi）が続いている。パウロはコリントの人たちの状況を《ゼーロス》と《争い》（eris）によって浸透されたものとして記している。Ⅰコリント 3, 3 には，「というのは，あなたたちの間には妬みや争いがある限り，あなたたちは肉の人であり……」，とある。あるいはⅡコリント 12, 20 には，「争い（eris），妬み（zēlos），怒り（thumoi），党派心（eritheia），悪口（katalaliai）……傲慢（phusiōsis）……」などと書かれている。これによって嫉妬は常に自己が中心となっていることが明らかである。

とにかく，争いが嫉妬，妬みと共に生じることは自明の理とも言えるが，しかしながら，争い自体，嫉妬や妬みからの争いもまた一般には，そもそも何らかのかたちの《熱心》によって初めて燃え上がるものであるという洞察は，より深部に達するものと考えてよいであろう。コリントの状況は，妬みの意味での嫉妬というようなものから生じてくる争いというようなことよりも，むしろ疑いもなく異なった固有の確信から帰結する熱心（Ⅰコリント 1, 12 参照）の結果である，と考えた方がはるかに理解しやすいのである。嫉妬（Eifersucht）とは，それゆえむしろ，熱心さの争い[*51]として把握される。妬みというような意味での嫉妬は，だれかが熱心さが向けられているところの事柄に関して，他の者よりより多くの成功と幸運を摑むときに，発生すると考えられる。他方，熱心からの嫉妬がもたらして来るものは，明らかにまず第一に，あることに関して「むきになり，やっきとなり，かっかとする」[*52]という意味での，興奮に

---

51) Eifer-sucht.

終わる《憤り》として明白に理解できるのである。すでに悪徳表のカタログの順序がそれを証拠立てている。であるから、それは妬んでいるという意味の嫉妬が第一の意味として最も基本的であるというわけではない。このような意味から、Ⅰコリント13,5では、妬みが憤激することと結びついている。しかしここでも、《何かを得ようとやっきになる》[*53]の熱心や熱中が、だれかと何かを得るために張り合う[*54]から、《だれかに対して熱心に反対する》[*55]こととなり、そのようにして、そこから《何かについて熱中しかっかとなる》ということが生じうることになるのである。

A. シュラッターが、嫉妬について次のように記すとき、実際にこのような《熱心》が考えられているのである。「……これ(嫉妬)は、われわれが他の者をわれわれ自身に鎖でつなぐような利己的な意志である……」[*56]。同様にシュリーアもまたこの事柄の核心を射る:「Zēlos はしばしば新約聖書の中で言及される悪徳である。それは一部は、嫉妬であり、一部は、何かのことで(何かを得ようと)むきになる(Sich Ereifern)ことで、激昂するとか《争い》の近みにある。Zēloun ということはユダヤ人独特の傾向である。それは自分に、自分の事柄が神の事柄であり、その神の事柄が自分の支持による保全を絶対に必要とするという確信を、自分に教え込むような熱狂ないし狂信を指す。それは、その核心が空疎にされた貧しさの欲望であるような熱狂で

---

52) Sich-Ereifern.
53) Nach-etwas-Eifern.
54) Mit-jemandem-um-etwas-Eifern.
55) Gegen-jemanden-Eifern.
56) Schlatter, Bote, 359.

II 否 定 文

ある」*57。

このようにして，ロマ10, 2f. をこのような本来的な否定的な意味で理解することを試みよう。「というのはわたしは彼らのために証言する。彼らは神を得ようと熱中する*58。しかし正しい洞察によってではない。」このさい注意すべきは，この神に対する熱中ということが，それに続く3節の，「自分自身の義を立てることを求める（ようと努める）」*59ということと正確に対応していることであって，そのさい，われわれのテキストである，Ιコリント13, 4-6の「妬まない（熱中しない ── ou zēloi = eifert nicht）」と「自分のことを求めない」*60の間の対応はこの前者の対応と全く等しいのである。

正確にこの同じ意味でパウロはピリピ3, 6に，「熱心の点では教会の迫害者，律法の義によれば咎のない者」と記している。ここでガラテア1, 13以下も思い起こす必要がある。そこには，「わたしは神の教会を極度に迫害し……」ということが，「わたしの先祖伝来の言い伝えに一段と熱心であった……」*61という記述にパラレルに置かれている。そのようにして，前述した説明から，われわれが取り扱っている関連について，《熱心》というもの自体が迫害，すなわち《争い》を引き起こすという結論が生じるのである。それは自己中心の事に固執する態度なのである。

使徒行伝に見出されるこれに関連した箇所も，同じ線上

---

57) Schlier, Liebe, 189.
58) hoti zēlon theou echousin.
59) ten idian zētountes stēsai.
60) ou zētei ta he autēs.
61) perissoterōs zēlō tēs huparchōn.

にあるとして理解されるべきである。もし，使徒行伝で《熱心》(zēlos)というものが一部始終，妬みの意味での《嫉妬》として訳され理解されるなら，いくつもの箇所が不明瞭で分かりにくくなってしまう。使徒行伝5,17と13,45は，例えばユダヤ人に関して，双方に全く同じ eplēsthēsan zēlou という言い方がなされている。5,17では，大祭司とサドカイ人が，使徒たちを捕えたとあるが，普通はそれは，「嫉妬ないし妬みに満たされて」というふうに訳されている。しかし，ここでは根本的には全然使徒たちの大きな成功（5,12以下参照）への嫉妬が問題となっているのではなく，ちょうど「われわれはおまえたちにこの名によっては教えてはならないと厳しく命じておいた……」（28節），という禁止が明瞭に示しているごとくその宣教自体が問題なのである。それでここではまず第一にユダヤ人の彼ら自身の確信についての《熱心》が問題となっている。この熱心の行き着くところが使徒たちを殺そうとするほどの《憤激》であった，ということは，5,33に描かれている通りである。

同様に，使徒行伝13,45に描かれているユダヤ人のゼーロスは嫉妬として使徒パウロの説教の成功に向けられているのではなく，むしろその説教の内容（38節参照）へと向けられているのである。ここでは最後に，この《熱心》がパウロとバルナバの迫害で終わる（50節参照）ということが報じられているからである。それゆえ，使徒行伝のこの二つの箇所は使徒パウロ自身の自分自身の律法への熱心さについての，その手紙における陳述と全く類似しているのであって，ユダヤ人の熱心というゼーロスは律法遵守への熱中として理解されるべきなのである。

ガラテア4,17以下もまた同じような事態をかいま見せ

る。「彼らは良き仕方であなた方を熱心に求めているのではない（ou kalōs zēloun）。」（17a節）は，17b節にその説明がなされているが，そこには「あなたがたを（わたしから）閉め出そうと欲している，それはあなたたちが彼らを熱心に求めるようになるためである」とあり，それは明らかに，「ユダヤ主義的な教師が律法に関わる事柄について精通者や助言者として熱心に求められる（umeifert werden）ことを欲する」ということが意味されているのである。

　もちろん使徒パウロは，ガラテア4, 18では，「よいことにおいて……熱心に求められることはよいことである。」と付け加えている。ここではパウロは，明らかに（ほとんど皮肉とも言える意味を込めて）自分の宣教に役立つために，彼の反対者に適用されたターミノロジーを逆用しているのである。そのようにして，パウロはⅡコリント7, 7では，自分への熱心について喜びを示している。そしてパウロは特に恵の賜物を得ようと熱心になることを勧めるのである（Ⅰコリント12, 31; 14, 1.39）。

　このことは強調されなければならないが，今われわれがなしている論述では，《熱心》ということ全体に，否定的な符号を付けることではなく，この《熱心》に含まれている非常な危険というものを知ることがいかに重要であるかを，ありありと描き出そうとしているのである。この熱心はおおよそ自己に関することから発出してくるのであるが，危険は常にそのことが不透明になっていて認識されにくいということにあるのである。否定的な意味での《熱中》は，あるもの，またはある人への自己固有の自我的志向ということから出てきて，他の人の気持ちや思いや願いを顧慮するという余地を全然示さないのであり，これこそが，最も

強くアガペーと対立するものなのである。

それゆえ，zēlos, zēloun などを簡単に《嫉妬，妬み》や《嫉妬する，妬む》ということと等置することは，薦められるべきことではない。根本的な意味は，《熱中して得ようと努める》という意味の《熱心，熱中》なのである。そしてそこから上に述べてきた一般に承認されているマイナスの意味が生じて来るのである。良い意味である《熱心》も，それが争い，分裂，口論，怒り，そして妬みを産み出すならば，そのときそれはネガティヴなものなのである。「あなたたちは彼らの実から彼らを見分けるであろう」（マタイ 7, 16）ということがここでも妥当する。あらゆる熱心の背後にはこのようにいつも一つの危険が隠れている。というのは，《何かを得ようと熱中する》ことは，自己から，そして自己の確信や信条や信念から，自己の見解や関心，利益，興味などなどから起こり，それもすでに述べたような，自分をだれか，または何かへと向けること，それも何かを自己に得ようと努めるという意味でのことなのである。もしも熱心が《得ようと努める》ということへの傾向であるなら，それは根本的に，それがどのようなかたちであれ，自己のために何かを獲得して所有することなのである。結局は，その所有は，現実にそれであることはできないにも拘らず，自己の地盤という幻想を作る。嫉妬とか妬みは結局，すべての重みを自分の所有に置く人間の基礎的，原則的態度である。そのような傾向はしかしながら，またいつも他の者の熱心と所有欲を刺激し，他人にも嫉妬や妬みを誘い出し，誘発させる[*62]。

Ⅰコリント 13, 4 の，この最初の否定文によって，パウロ

は，いわばそのうちにすべてを包括しつつ，自己に囚われている，あらゆる熱狂主義や熱狂的傾向から，その地盤を取り去ってしまうのである（Ⅰコリント 13, 1-3 参照）。これこそ宗教の持つ最も危険なものであろう。

ⅱ）「愛は自分のことを求めない」

Zētein（求める）という動詞は新約聖書にしばしば表れる。そのさいしばしば前述の「妬む，熱心に努める」という動詞のように，良い意味でも悪い意味でも用いられる。ここ5節ではもちろん悪い意味で使われている。このことはそれぞれがその対象によって良い意味か悪い意味かを獲得するということであろうか。そして「求める」はそれ事態は中性的な意味なのであろうか。

さし当たってまず第一にここでは主語が人間でなくアガペーそのものであるということに注意を向けなければならない。他の箇所でパウロはしばしば自己固有のものを求めるなと戒め，コリントの人々へ向けて，「だれも自分のことでなく他人のことを求めなければならない」（Ⅰコリント 10, 24）というごとく正確に同じ言い方をしている。そして自分自身についてパウロは「わたしがすべての点ですべての人の気に入るようにし，自分の益でなく多くの人の益を求めているように……」（Ⅰコリント 10, 33），と言う。同様にまたフィリピ書では，「というのは彼らはみなキリスト・イエスのことでなく自分のことを求めている」とある。また他の箇所では「またはわたしは人に気に入ることを求めているのか」（ガラテア 1, 10）と問うている。またテサロニ

---

62) Oepke, ThWbNT II, 883, 35.

§5 個々の文成分への注釈 (4-6節)

ケの人々に対しては，人の光栄を求めたことはないと強調している（Iテサロニケ2,6）。

ここで取り扱う文,「愛は自分のことを求めない」も，アガペーが人格化されていると考えれば上に挙げた文と同様である。しかしながら主語としてのアガペーを真面目に取り,「自分のことを求めない」ということがアガペー自体のうちに根拠を持ち, そしてその能力, 力そのものであるとするなら, すべてのこれに関するパウロの戒めは究極的にはこの文にその基礎を持っていると言わざるを得ない。それは人間において愛の力と本質的特徴が働くということである。人間の「自分のことを求めない」は, 愛のこの「自らのことを求めない」ということにその根拠を見出す。そこでこのアガペーについての文は, 人間についてのすべての似た句の根拠であり出発点なのである。

しかしそれをもってただちに次のような問いが浮かぶ。なぜ愛については, 愛が自分のこと, すなわち愛を求めるということが讃えられないのだろうか。「愛のもの」という意味ならば, まさにその助けを惜しまぬことや, その他の愛の善きみのりを意味するのではないだろうか。愛の自分のものということそれ自体は否定的な意味を持たないということが論理的ではないのか。

この意味でこの文の写本の他の読み方,「自分のものでないこと」[*63]（B Clem P46c）は参考にはなるが, やはり当惑から生じる訂正と取るべきであろう。

しかし「自分のことを求めない」をあたかも一つの動詞であるかのように取るなら愛についてのこの文は愛の無私

---

63) to mē heautēs.

と自己忘却を指示するものを含んでいる。この場合「求める」という動詞自体に固有のものを求めるという意味が含まれると考えるべきである。したがってもし，愛は無私を求める，とか無私であることを求めるとか，無私なるものを探す，とか言うなら，それらはなにかおかしな響きを持つと言わざるを得ない。そのような「求めること」は愛の根本的特徴に矛盾するからである。

この「求める」(zētein)という動詞をさらに考察するなら，パウロはそれを前に述べたように，神の愛の終末論的啓示からしてすでに古くなったとして見ており，「求める」ことは神の愛の受容なくしては「自己のものを固持する」ということになってしまうというのである。

そのように例えばパウロはユダヤ人やギリシャ人に対して基本的に彼らの折々の求めることについて，「ユダヤ人は自己の義をたてることを求める」(ロマ 10, 3)と言い，他の箇所で，「ユダヤ人はしるしを求め，ギリシャ人は智恵を求める，しかしわれわれは十字架につけられた者としてのキリストを宣教する，ユダヤ人には躓き，異邦人には愚かであるが，召された者にとってはユダヤ人にもギリシャ人にも神の力であり神の智恵であるキリストを」(Ⅰコリント 1, 22)と書く。すなわちパウロはユダヤ人もギリシャ人もそれぞれ自己欲求に基づく求めるということを固持する，すなわちそれぞれ義と智恵に関してそうすると言う。この二つの求めるというあり方は，それゆえ根本的に一つの同じ様態なのである。求めることはそれゆえ suzētein（論議して求める）の意味に狭められてはならない。H. シュリーアはこの動詞には二つの意味が含まれていると言う。すなわち証明し得る真理の発見という目的で互いに問いあうこと，

およびこの共同の探求の原則的には果てしのない継続である。

この探求にIコリント1, 23ではキリスト，十字架に付けられた者が対置せられる。この者には明らかにケーリュグマの，すなわち十字架に付けられたキリストのケーリュグマの服従する受容が相応する。実際ここでは，固有の探索とケーリュグマの受容とが対立している。そこでわれわれは次のように言ってよいであろう。「宣教の内容は，ギリシャ人にとっては，zētein によって彼ら自身から到達し理解されるものでなければならない」。ここでは求めることは，たとえそれが隠れた仕方であっても，求められることの尺度であり，そのさい求めることは愛を受け取ることの反対である。それは，受け入れないことがこの事態を明らかにするという意味で隠されたことである。しかし愛はそれに反して己れのことを求めない。愛はそれどころかすでに充実した実現であるからして，何も求めない。それは「完全なるもの」（10節）なのである。端的な満たされていることなのである。それには何事も欠けてはいない。endeēs である（欠如している，必要としている）という思考，使4, 34参照 [Hapaxlegomenon] または欠乏，不足[*64]はここでは何のよりどころも持たない。

探求のベースとなるものは根本的には常に己れ自身から出発してあるもの，またはある人に向かうことでありそれも獲得したい，ないし到達したいという意味においてであり，一方アガペーは初めから他の者のことがらに止まるのである。それゆえ求めることはわれわれが「妬む」という

---

64) endeia, Platon Sumposion, 202d.

ことがらにさいし出会ったことと，同じ様な性格を示すのである。「探求」は，この意味では，神の愛の啓示の前にアナクロニズムとなる。

「愛は己れのことを求めない」は，それゆえ愛が己れを忘れ，愛がはじめから己れのもとには不在であり，従って己れのもとには見出し得ないものである。それゆえそれはまた求めることに関して己れから出発しない。愛はその始原（アルケー）をまさに自分から出発することのうちにではなく，自己のうちにではなく，己れを他者のことがらのうちに見出し，自分のことを完全に忘却することにおいて，その全き喜びを見出すのであり，他者の喜びに埋没してしまうのである。愛には自分のものが属していない。愛は何も所有しない。愛は常に自分から離れて他を向いているのである。愛はその自己献身において初めて愛なのである。

このようなことから新約聖書における求めること（zētēsis）から派生して，最早「探求」という意味があるのでなく，「争い，争論，議論，口論」（ヨハネ3, 25；使15, 2.7；25, 20；Ⅰテモ6, 4；Ⅱテモ2, 23；テト3, 9）という意味が与えられていることに理解がいく。

ⅲ）「愛は悪を根に持たない」

Logizesthai とい動詞は一般に「考える」，「考慮する」というような一般的な意味を持つが，また「勘定する」という意味にも使われ，特に「だれだれの責任にする，だれだれのせいにする」という特別な意味での，一種の考量するという意味で用いられる。他の時はまたこの意味の範囲内で，「根に持つ」という意味での後から勘定するということでもありうる。

§5 個々の文成分への注釈(4-6節)

　愛はそれゆえ後から勘定することをしないのみならず，一度として，それも上に述べたような意味で，悪というものを考量しない。というのは，「後から勘定する」ということとしての「根に持つ」ということは，「だれだれのせいにする」ということから由来するのである。「後から勘定する」ということにおいて，「根に持つ」ということはその存続を保つ。この勘定するということの二つのあり方は，自己欲求の働きであって，自己評価と自己の義から出来るということは明らかである。勘定することは，それゆえ自分の不義からは目をそらすという自己利益の追求と言える。不義としての自己の義は，絶えず他人の「悪い」行いによって，すなわち他の者のせいにするということによって自分を義とする。愛はそれに反して己れのことを求めない，それを考えもしないのであるから根に持つこと(恨みにおもうこと)もない。そのような視角は愛にとっては異質なものであり，このようなことに関してなにもその視野に現れないのである。

　ここでの「悪」はさし当たり一般的な意味で解されるが，それで根本的には愛が「喜ばない」不義が考えられているのである。パウロのもとではこの概念は罪と災厄，救いのなさから切り放しては考えられない。

　例として，そこではあたかも後続するテキストのタイトルのように，「愛はへつらうことがない」とあるロマ12,9が，そしてそれに続く「悪を嫌悪し善につけ」[65]という一節が考えられる。善と悪の概念についてはここでは一般に——H. シュリーアが記すように——「悪はとくに性格づ

---

　65) ここでは悪に to ponēron が用いられている。

けられていない；それはそれから主が守って下さるすべての悪である（Ⅱテサロニケ3, 3）」と言えよう。同様にパウロがしばしばそれについて語る善も，特に性格づけられてはいないで，ただそれにつかなければいけないと言われている。さてこの善と悪の対置は，上述の愛についての句で導入されるコンテキストの同じ枠組みの中，ロマ12, 17で「誰に対しても悪に対して悪をもって報いるな」と，再びくり返される（Ⅰテサロニケ5, 15；Ⅰペトロ3, 9参照）。「すべての人に対して善を心がけよ」（12, 17）。ここでいま扱っている「愛は悪を根に持たない」といことの下に，報復原理についての愛の絶対的な否定がある。この否定はまたⅠテサロニケ5, 14以下，「すべての人に対して寛容であれ。だれも人に悪に対して悪を報いないように注意し，お互いにまたすべての人にいつも善を追い求めよ」，によれば愛の忍耐によって可能なのである。すなわちここで寛容が悪を計算に入れないことに導くのである。

もう一度ロマ12, 9節bに帰ると，悪と善とはここではそれ以上性格づけられていないが，コンテキストを勘定に入れる限りいくらかのことを確認できる。そこでは9節bの後に例えば10節でただちに再び，兄弟愛についての戒め，「兄弟愛をもって互いに愛しあえ」が続く。この配置でいうと悪と善とは愛の薦めによって囲まれている。このことは少なくとも悪と善がここでは愛と関連しており，いやそれどころか善はその一般的な意味で善の基準となる愛の下に位置づけられているということが見て取れる。パウロにとっては神の愛の終末論的な啓示に直面して，愛は善の尺度でありその逆ではないことが分かる。そのようなことは，人が善いことだからあるいは，善だから愛するのではない

ことを明らかにする。というのは，愛は最後の充足であり，それゆえ善であるがためになされることは出来ない。愛はただ愛のためになされ働くのである。それに反して，愛が活動しているがゆえに何か善いことがなされる，と言うことができる。換言すれば善は愛として啓示されたのである。それゆえパウロは最後に愛が永遠に止まると言うが，善についてはそうは語られない。もうすでに説明された「愛は寛容である」(4節) ということも愛が善であり，何が善いかということへの答を与えるのである。またパウロが善 (to agathon) と喜ばれること (to euaresthon)，完全なること (to teleion) を並列的に等置しているロマ 12, 2 からも，ここで「完全なもの」で愛が考えられていることを I コリント 13, 10 が明らかに示しているであろう。ここで言われる，善 (to agathon) と喜ばれること (to euaresthon)，完全なること (to teleion) という順序も啓示のそれとして考えられ，善はイエス・キリストにおける神の啓示が与えられていなかった限りでは，もっとも崇高なものとして妥当し自己目標であり得たのであろうし，そのうちにキリスト教宣教の哲学的思考への区別が示されていると言えよう。

　ここで「愛は悪を根に持たない」という文で見えるものとなる決定的なものは，愛によって悪が先送りされないということである。というのは，もしだれも悪を考量せず，考えにおいても悪に時と所を与えなければ，その悪は終焉してしまうということである。というのは愛は悪を永久にする衝動を持たない。それはその勘定をすぐに消してしまう。愛は為された不義への記憶を養わず，その記憶を抹消する。愛は許すだけでなく忘れようとする。いわばそれは

不義の墓である。このような仕方で悪は愛によって消され抹消され葬られてしまう。不義は愛のうちに死を見出す。というのは不義は愛を生き長らえることができない。なぜならそれはさらに先送りされることによってのみ存続するからである。愛はしたがって端的な悪の壊滅である。

しかしいかなる人間も，そのような愛を自分から所有することが出来ないのは明らかである。そのようにして，それはイエスの十字架の出来事において，はじめて現れるのである。そこでイエスはすべての人間の考えうる悪——そしてすべての苦しみ，病い，悲しみ，死——を己れに担い，神が人間のために欲する生へと耐え，人間を解放し和解せしめる。この和解こそがパウロが愛の本質的な働きとして宣教するものなのである（IIコリント5, 5-14; 17-21; ロマ5, 5-11）。「古きものは過ぎ去った，見よ，すべては新しくなった」（IIコリント5, 17）という言葉はこの意味での愛の全き実現なのである。古きものは愛がそれを最早存在させないがために過ぎ去ったのである。愛が新しき初めを置く。それは端的な創造である。

このことから，悪を勘定に入れないという愛の本質的あり方が，aphesis（赦免，許し）と aphienai の意味である，ということは注目するに値する。十字架で起こった赦免に関して，コロサイ1, 13以下には「彼はわたしたちを闇の力から救い出し，その愛のおん子の王国へと移し給うたが，彼においてわたしたちは贖い，すなわち罪の許し（tēn aphesin tōn hamartiōn）を得ている」とあり，エフェソ1, 6以下には「その方においてわたしたちは，神の恵の豊かさに応じて，その方の血による贖い，すなわち罪の許し（tēn aphesin tōn paraptōmatōn）を得ている。」とある。またコロサイ2, 14

「債務証書を塗り消し」およびⅡコリント5,19「罪過を彼らに負わせない」をも考える必要がある。このようにしてアガペーは最終的にその本質的性格において十字架へ，さらにその上にいかなる悪の勘定も見出されない十字架の上のイエスの面影へと指示する。

vi）他の否定文

われわれが仮定的にゲシュタルト分析に従って配置した表での境界線に目を向けるなら，われわれは改めてなぜこれから数え上げられる愛の性格が，パウロによってここへ取り入れられテキストの構成に与っているかを問わなければならない。この問いの問題は，4-6節に挙げられた愛の性格が一つの全体をなしていて，すべての部分がそこから観察されねばならないということに存する。というのは個々の文肢は，決して全体を成立せしめるモザイクの石のように集められたのではなく，むしろそれは全体の部分となり，それらが個々の内容として所有し得ないような「全く新しい特性」を受け取るからである。それでわれわれはこのことに関して，個々の内容それ自体が示しているある種の特性の喪失をも勘定に入れなければならない。そこでわれわれの場合，個々の言葉がその狭い限られた意味を失い，その代わりにアガペーの全体的視野から広い意味領域を保有することが考えられるべきである。それは全体としてのアガペーが個々の文肢のうちに開示されるということである。これこそ，最高の意味で全く新しい特性というべきなのである。この関連で第二に観察されるべきは，「ない」という否定の意味である。その陳述領域は個々の内容の否定に限られず，愛の限りのない広さへと指示し，それを読

者に開いていくのである。

そのような考えから出発して，個々の分析のためのそれぞれの解釈において，個々の文肢が愛の周辺的な現象として観察されるような，解体的理解を避けるようにしたいのである。また個々の文肢の互いの関係が，端なる外的な表面的な結びつきに過ぎないと考えることをも避けたいと思う。

それゆえ以下の解明において，ここの構成内容の組織的な組み立てということからは目を離し，むしろ全体が愛の風景をいわばわれわれの前に広げる一つの地図のように見られるべきである。

かようなことは，もちろん時折注意をうながすような文肢同士のそれぞれの関連が，注意を引いて言及されるということを妨げるものではない。それは例えば，熱心がその熱心に基づいた業績によって自慢するということにいたるとか，求めるということが自己の考えに固執すればするほど押し付けがましさや無礼に近付くということや，悪を勘定にいれることが，憤激に傾斜するということなどである。ここでの仕事の枠内では，解明されるべき文肢の多様な，ほとんど数え切れないような関連を探し出したり，いわんやそれを解明することは不可能である。

個々の観察に移る前に，次のことに注意したい。以下取り扱われるべきアガペーの陳述の動詞では，主に人間とその態度との関わりにおいて解明されなければならない。なぜならアガペー自体への接近は，まさにその「ない」ということによって，すなわち問題となっている人間の態度や行為の否定によって開かれるからである。そのようにして問題となる動詞の否定が，愛の到達距離と深さを十分に表すのである。人間の行為の仕方に直面して説明される愛の

陳述の動詞は、このことを明らかにすることが出来る。

  a 「愛は高ぶらない」　　われわれはまず「高ぶらない」(ou perpereuetai) ということに注目する。この「高ぶらない」(perpereuesthai) という動詞は稀な言葉であり、全新約聖書にここの一回しか現れない (LXX においても見出されない)。そこでパウロはこの場所で何らかの伝承的な形式を取り上げたのか、またはコリントの具体的な状況を考え、例えば高ぶっているグノーシス主義者にあてつけ、続く「誇らない」(phusiousthai) という似た言葉に付け加えたのかどうかが問われる。これらの問いはもちろん最終的に答えられるものではない。

　新約聖書でこの動詞の別な用法の例がないため、その正確な意味を取り出すことが不可能なので、一般的な注釈で満足せねばならない。大部分の場合、「高ぶる、自慢する」のは、自分を正当化して自分の価値を認めさせたい、すなわち自己の固有の評価、尊敬や自分の栄光を求めることで、それは控え目であることの対極としての、自分を中心に置くということであろう。例えば、もしだれかが、人の尊敬を得、注意を引きつけるために、人々の集まりの中でお喋りと冗舌によって自分をその中心に置こうとする時などである。

　このさい典型的なことは、自分を高めることによって、自分の意図や望みを満たしうるであろうと信じる単純なあさはかさである。そのさい、その実行は自己満足や自己充足を意味し、そこで自己の受ける尊敬を目標として高ぶり自慢することは、一度でも反省すべきものとして捉らえないことである。しかし現実は全く別なものである。そ

してそこに高ぶるということの事実に即していないことがある。というのは実際には高ぶり自慢する者は，まさにそのことによって独我的な視野に落ち込んでしまうからである。それに加えて，そのような態度は絶えず落ち着きの無さによって支配され浸透されていて，それは果てしのない自分を何者かにしようとすることから湧き出てくるものだからである。それはまた必然的に大げさにしたり，何かを隠したり，つまり不透明さを伴う。しかしこのような態度は同様に絶えず不安を内蔵する。なぜなら，それはその効果を確かめたいし，絶えずその証人を求め探すものだからである。あることが白昼に晒されることや，屈伏することや，喪失への心配や不安が，同様にこのような態度の同伴者である。それはまた常に増大する，ちゅうちょなくはばからぬことや，せかされていることに表されている。というのは人間が自分自身と関わっていればいるだけ，それだけ余計に自分に対し清らかさを保つことができないのである。

しかし同時により深刻なことが起こる。それは「隣人に対し熟慮されないひそやかな軽べつ，その背後には確かに賜物や優れた点の与え主としての神への隠された軽べつ」（Ⅰコリント 4, 6 f.）である。愛はそれに対して，事物をそのまま見る。愛は現実をあらゆる種類のいい加減な，からっぽな誇張によって，少なくとも自分のあり方や行いを高めることによって不透明にすることはない。愛は愛するのであり，もうそれがすべてを語っているのである。それゆえ愛は透明である。Ⅰコリント 13, 1 で真に「話す」ことができるのは愛だけであるということが生き生きと眼前に描かれていた。愛なしにはすべての言葉は空虚となり，騒音に

過ぎなくなるのである。それゆえ愛は高ぶらず自慢しないという単純な陳述で，ひどく重要な愛の特性が明らかになったのである。

b 「愛は誇らない」 「誇る」(phusiousthai) は典型的なパウロ的概念でⅠコリント書でもしばしば出会われる。新約聖書における7回の使用のうち，Ⅰコリント書で6回使われている (4, 6.18.19; 5, 2; 8, 1; 13, 4; 他にコロサイ2, 18)。「うぬぼれている」(phusiōsis) という派生語は，新約聖書に一度だけ，Ⅱコリント 12, 20 にコリントの人々に向けた警告のなかで使われている。

Ⅰコリントでの使用の仕方は，それがコリントのグノーシス主義者の典型的な態度に関わっているということが蓋然的である。Phusioun は「膨らますこと」，「膨れ上がること」，そこから派生的に，誇ること，高慢であることを意味する。それは空気を入れ，膨れ上がったような存在のあり方であり，それはラテン語での tumor, 腫瘍のイメージを与えることができる。この膨張の必然的な結果は外面的，表面的になることであり，それは進行性の内的な空洞化ないし内的な希薄化と結びついている。換言すれば己れを売りにだせば，そのうちには何も残らないということである。Ⅱコリント 5, 12 では phusioun でなく kauchasthai (誇る) という語が使われているけれど，ここでそのような事態が「心によってではなく上辺によって誇る」ということで明瞭に言い表されている。そのさい「上辺」とは外的なことであり (フィリピ 3, 4ff 参照)，その箇所でパウロは，実際は汚物に等しいとされるその特権と，外的に優れたことを数え上げる。「心によって」とは神の前で内的なこと，すなわ

ち神がイエス・キリストにおいて，愛によってわれわれの中に開示したことが考えられているのである。

　このことに関してパウロがコリントの教会に対する時，この膨張のいくつかの特徴が具体化する。彼が皮肉な調子で「わたしは誇る者の言葉ではなく，その力を知りたい。」（Ⅰコリント4, 19）と言う時，パウロはまさにこの事柄を考えているのである。いかにパウロの反対者たちがその声高さを最高のヴォリュームにあげたこと，そして実際にはこのような言葉が現実に何の力をも持っていないことを，まるで目の前にあるように思い浮かべることが出来る。

　またある事柄を軽く見ること，すなわち現実の誤認も，この「誇り，膨れ上がる」ということに属している。「わたしがあなたたちのところへ行かないと言って，ある人たちは思い上がっている（phusioun）」（Ⅰコリント4, 18）とパウロは書いている。そのように膨れ上がった人たちは，それどころか，たいてい外から見える事柄についても正しい判断を下す能力がないのである。彼らには正しい感覚が欠けている（Ⅰコリント5, 2！）。

　もちろん人間のこの誇ることは，もちろん自分の固有の事柄，すなわちその能力とか所有に関わるのみでなく，またあるグループや，なにかの団体，また利益団体，ある種の機関や研究所，ひいてはある特別の（有力な）人への所属や関係も，それが彼の評判を高めるなら，それらにも関わるのである。例えばⅠコリント4, 6には「それは一人がある一人に味方し，他の人に反対して高ぶることのないためである」と書かれている。それをパラフレーズして（別の表現に言い換えて）「それであなたたちのうち一人が，他に対してその教師のために高ぶらないために」という意味である。

最後にⅠコリント8, 1が残った，すなわち，「知識は誇らせ（高ぶらせ），愛は築く（建設する）（hē gnōsis phusioi, hē de agapē oikodomei）」。これはアガペーが主語となっているがゆえに特に注意せねばならない重要な箇所であり，それゆえ後にまた取り上げることにする。目立つことは，「愛は築く（建設する）」という文は，構造からしてⅠコリント13, 4 ff と類似していることである。そしてグノーシスと愛，「高ぶる（誇る）」と「建設する」の対置からして，われわれの扱っているこの13章のテキストにも，愛についての否定的でない陳述も可能であったはずである。「愛は誇らない」という否定文の代りに，パウロは「愛は築く（建設する）」という肯定文も書けたはずである。このことは重要である。なぜならパウロはここで，Ⅰコリント13, 4-6の否定的な陳述を，事情によっては一般的に全く肯定的な表現にもたらすことも出来たということだからである。

ここのⅠコリント8, 1では，愛の高ぶらないことが，まず第一にその築き上げることであり，第二にその教化を意味していることが明らかである（erbauen）。第一の意味に重きを置いて言えば，……oikodomein はパウロでは第一に個々人の教化（そのように二次的に14, 4）でなく，教会の建設に関わる，と言えるであろう。また13章をアガペーのコメンタリーとし，12章と14章（特に10, 23）を教化のそれと理解しうる。それで「教化する」という意味を重んじて，コリントの人々は，人が弱い者に与える支えを教化と理解したのだとも言えよう。その際，教化の対象はむしろ個々人（10, 25.27ff: suneidēsis）であった，と考えられるかもしれない。グノーシスはあなたたちの考えるように教化することはできず，愛だけがそれが出来るのだと。

Ⅱ 否定文

　実際にはこの両方の見方が正しいのである。共同体の基礎を置き，建設し堅固なものとするという基本的な意味は，それぞれの集まりのうちでまさに個々人の教化として現れるのである（14, 3参照）。Ⅰコリント14, 5や12節のような箇所は二つの意味の結合を明らかにする。それゆえ一般には愛は，コイノニア（共同体）と同時に個々人の終末論的な生活の新しさ（ロマ6, 4参照）を可能にするものなのである。愛は生活を基礎づけ，固め真の生活たらしめるものである。たとえそれがどんなに包括的で多岐にわたり深いものであっても認識によるのではなく，愛によって人間の生活はその真実を獲得し保つものなのである。

　愛のないグノーシスは共同体を破壊し，人間の生活からあらゆる根底となるものを取り去る。そしてまた弱い兄弟たちに罪を犯す（Ⅰコリント8, 12参照）。共同体が，グノーシスにおいて誇る一人の人間によって妨げられるのみならず，最後には残らず破壊されてしまうことも明らかである。それを具体化して言うなら，他の人間からまず共にあることについての喜びを奪い，最後には他の者もそのことによって毒されてしまう。アガペーを離れたグノーシスの誇るということはあらゆる分裂の端的な根拠であり（Ⅰコリント11, 18），それは共同体（コイノニア）の致命的な敵である。

　アガペーによって，必然的にこの反対のことが起こることはまったく納得できることである。なんとなれば，愛は己れを控え，能力のない者や弱い者に生きる場所を与え，彼らと関わり，そして愛によって建てられた共同体では，すべての人が制限なしに受け入れられ暖かさを見出すからである。この出来事はそれゆえ外見よりも実際に深い次元へと達する。誇るということは明らかに，高ぶる（自慢する）

ということに比べて，もっと，一言で言って，自分を自分から教化する人間の根本的な姿勢と気分へと向いているのである。アガペーが常に共同性と共にあることの建設と構成に向けられているのに対して，自己教化と自己を高めることにより「誇ること」は孤立化と孤独へと導き，最後には神からの離反つまり滅亡と，人がその前に最も多く不安を持つ強い苦しみへと導くのである。というのは彼は不安から生きており，——それはそれ自体彼についての正しい知識を漏らすのであるが——それは充分でなく，実存が，彼の所有していない自己の豊かさから満ち足りているという虚栄心から生きるのである。そのようにして，彼はただ自分自身の空洞さを広げ，彼の生命を空虚な非現実な形成物としてしまう。愛はしかし人間を彼があるところのものとして存在せしめる。

このようにして，自慢し誇ること (Sich-Aufblaehen) は，パウロが「誇る (Sich-Ruehmen)」と端的に表現することと同一の線上にある。それは自分で自分に照明をあて描き出す倒錯した誇ることであって，一方真の誇ることは，その根拠をただひたすら神への信頼のうちに持ち，それゆえその賛美として現れるのである。そもそも人間は神を誇ることへ向けて創られたのであり，それゆえ人間は誇るということを離れては存在できないのである。従って神において誇らない者は人間について誇ることになる。善い意味の人間の誇りは神への感謝となる誇りに根差しているのである。神が人間の根拠と地盤とされない時，彼がそう思い込んでいるものがそれに代るのである。そのようにして彼は勘違いした根拠と地盤の上に立っており，それに信頼を置き，その上で安全に支えられていると考えるのである。しかし

この基本的姿勢と気分の表現は，まさに倒錯した意味での「誇る」ということなのである。自分の固有の非依存性を確かめるために，人間は絶えずこの自分がその上に立っていると信じるその固有の地盤 ── それがそれぞれ何であっても ── について言及せざるを得ない。そしてまさにこれがその彼の「誇ること」なのであり，そのうちに自分を曝け出す自己教化なのである。

自己を高めることの意味での自慢することと，誇ることを観察するならば，愛は低さ（tapeinophrosunē）とまた他人を高く評価することにおいて「謙遜をもって互いに他の人を自分よりすぐれているとみなす」（フィリピ2, 4; ロマ12, 10.16）のであって，それは最後にはイエスの十字架の出来事に基づいているのである（フィリピ2, 6ff）。

c 「愛は押しつけがましくない」（愛は礼儀を傷つけない）

Aschēmonein という動詞はここでは「礼儀正しく振る舞わない，不作法にする，風習を傷つける」などを意味する。この意味で新約聖書には2回（ここと I コリント7, 36）用いられている。いくつかの訳語で「押し付けがましい」ということで何が考えられているのかが明らかにされなければならない。それは自分の勝手な望みや表象や尺度によって，他人を顧みずに行為することである。すなわち他人のことを考慮に入れないということである。そのような行いは常に不快な感じを起こさせ，他の者を慰めのない気持ちへと押しやる。要するに，それは苦しみをもたらし喜びを破壊する。愛にとってはそのような仕方は本質的に異質なことである。己れを押しつけるような種類の愛というのは全くの自己矛盾である。愛は自由の中でのみ働くのである。愛

はそれ自体己れを控え，表に出さないで提供することであり，慰めである。

Ⅰコリント12, 23で euschēmosunē（行儀のよさ）と aschēmon（不作法なこと，無礼なこと）が対置されているところで「礼儀にかなわない箇所は一層の見かけのよさを有している」から，われわれの文で何が考えられているかが判明する。愛は優美なものであり，優雅な輝き，繊細さ，美しさを輝かしめる。それは優美さで心持ちのよさを産み出す。慣習に従う恥らいや秩序や親切においても，愛の自我のなさの輝きがある，と言ってよい。それで間接的にⅠコリント12, 23から，礼儀のなさが分裂の原因となり，そのような結果を招来するということが分かる。

「行儀の良い生活をする」(euschēmonōs peripatein) ロマ13, 13 (Ⅰテサロニケ4, 12) はパウロにとっては，「昼に歩む」ということの総括であり，その反対としてパウロは酒宴と酩酊，淫楽と放蕩，争いと嫉妬を挙げる。ここでは不作法なことのすべての射程（到達）距離と，この概念や，その派生が，パウロや新約聖書にしたがって包み込むところのものが推察される。最後にここで忘れるべきでないのは，われわれがこの「不作法」という概念で具体的にコリントの状況と異邦人（非キリスト者）の悪徳の前に置かれていることであり，コリントでは特に争いと嫉妬 (eris kai zēlos) が問題となっている。

最後にしかし一つの問いが浮かんでくるのではないか。それは，愛，しかも聖霊によってイエス・キリストにおいてわれわれに与えられた神の愛について（ロマ5, 5），それが礼儀を知っているということを強調するのは何かおかしなことではないか，ということである。それについては次

のように答えるべきであろう。第一にすでに述べたように神の愛としてのアガペーは「……でない」ということによって直接に神の行為を表現しているのではなく，ここではむしろ神の愛がいかに人間において働いて来るかが取り扱われているのであり，それがいかに人間のもとでの身振りや素振りによって見えるものとなるのか，そして第二にaschēmoneinという動詞，自己を押しつけるという意味の徹底化によって，その中に深くかくされたものを想像せしめるのである。

d 「愛は憤激しない」　　引き続き，憤激するという文に向かおう。このことの反対は，ここでは何も述べられていないが明らかに柔和であろう。Paroxunesthai（苛立つ，憤激する）はperpereuesthai（自慢する）のように新約聖書では稀にしか現れない語である（全部で二回。他に使17，16）。それは，怒りっぽい，癇癪持ちであり短気であり，いきなり怒り出すということであり，その「いきなり」[66]ということに怒る者自身，そしてその犠牲者も全く引き渡されてしまうのである。そのような怒りの発作，憤激，激情による興憤において――もともと憤激ということが怒りに先立つより深い層としてある。ここではそれはその都度せき止められてたまっている苦々しさ，憤慨，反抗心，怒りや腹を立てることや，傷つけられ，侮辱され，気を悪くされ，気分を害され，いらいらさせられ，過労となり，力が尽き過剰な要求にあい，そして無力さ，またあらゆる依存症から来る自己に対する無力さ，という挙げればきりのない症状に

---

66) oxus: すぐに，ひどく。

由来する。

　憤激は最終的には終末論的な意味で見られるべきである。なぜならその反対のアガペーは，新しい永遠のアイオーンの侵入以外の何物でもないからである。愛は時の終わりの現象である。キリストによって打ち勝たれた悪の力の時の不安が，「かのキリスト以後の歴史の稀なる性格づけである憤激」(Schlier)へと置き変えられる。固有の力を無力にされた霊を満たすこの憤激は，その深部で時を持ち，時を与える者，すなわち神に向けられているのである（黙12, 12.17参照）。

　憤激とその発露は明らかにもうしばしばふれた thumos（激情）というものに近い。ガラテア5, 20に肉の業と，その最初に愛が言われている霊の実の対置を考えるなら，このコントラストから，いわば長い息づかいで働き成熟へと達せしめる愛のあり方の深い把握が明らかになる。一方憤激は，他のあらゆるものに強く働きかけ直ちに思いのままにすることや，怒りの発作が試みるように即刻成し得るものとしようとするが，それは内部から駆り立てられている奴隷状態以外の何物でもない。そのように実際その表向きの背後には衝動や自己欲求に引き渡され，そのうちにまさに徹底的に過大な要求を負わされた人間が見出される。それに対して，愛はすでに述べたように常に元気づけられ，爽快にされ良い心持ちである。というのは怒りの発作の先行するプロセスである憤激のように，これらすべてのものは愛に影響できず何も静けさから愛を引き離すことができない。というのは愛は自分を忘れてそれが愛するところのもとにおり，己れを忘れれば忘れるほど静かなものとなっていくからである。

Ⅱ 否 定 文

　この場合，一体どうやって人はかような愛を知り，満足し，悦ばしい，調和のとれた人間になることができるのか，という疑問が浮かぶ可能性がある。そしてまさにこの問いは，われわれを少なくともわれわれの出発点へと引き戻す。というのはわれわれは，われわれのテキストが愛自体について語っていることを忘れてはならない。われわれがそのような完全性において愛し，そのような愛において動き行動し，その擁護者と見張りとしてすべての力を投入しようとするなら，われわれはそれを創り上げようとする救いのない錯誤に陥ってしまっているのである。というのは，われわれを助け，支え，救うのはそれは聖霊によってすでにわれわれに与えられている神の愛であり，われわれはじっさいには神の愛によって抱かれ，配慮され，守られ，囲まれているのである。愛自身はしかし最後には，われわれが次の章で見るように動力としての力（dunamis）そのものなのである。

§6 愛の Dunamis（力）（7節）

7節 a　すべてを（愛は）忍び（担い）　　panta stegei
　　b　すべてを（愛は）信じ　　　　　　panta pisteuei
　　c　すべてを（愛は）希望し　　　　　panta elpizei
　　d　すべてを（愛は）耐える　　　　　panta hupomenei

「ここですべてを四度繰り返しているのは，2節で『あらゆる神秘，あらゆる知識，あらゆる信仰』といったのと対照的に，主語たる愛の包括的な働きを強調する」[*1]。

さて最初見たところでは，7節が外形からして大した変わりもないのに，連続的に4-6節に接続せず，それどころかここでは隠れた仕方で句切りが引かれているのではないかと思われよう。それは次のことに由来する。すなわち形式から言って7節は，強調された「すべて」で始まる厳格な文肢の平行性（parallelismus membrorum）が支配していてまとまりを見せている。そしてそのさい主語である愛は記されていない。このまとまりはすべてを包括し，すべてにおいてすべてを働かせる神の愛の力（動力）の唯一性の描写という考えを明示しているように見える。だが他方では，すべてに主語のないことで，7節の陳述は，やはり緊密に先行するものに接続されている。そのようにして最初の文肢

1）　泉，132。

である7節a「すべてを（愛は）忍び（担い）」はほとんど先行する4-6節のまとめとして，特に「……ない」によって強調される陳述のまとめとも見られうる。

さらに，この7節a「すべてを（愛は）忍び（担い）」から7節d「すべてを（愛は）耐える」へと橋が架けられている。そのさい7節dの「耐える（hupomenein）」という語は恒常性を含みつつ，「絶えることがない」という8節へと指示し，愛の永遠性という8節以下のテーマへの移行を準備する。そのようにして段々と，7節のすでにふれた句切りと同時に，そのまとまりが明らかになる。この節は全体から見て，愛の耐え通すという愛の本質を表しており，従ってそれはすべてを越えて存続するのである：8節a「愛は決して絶えることがない」。耐え通すことが愛の力（dunamis）であり，無私なる死における復活の力なのである。それ故，ここで愛の復活の光が輝き始めると言いたくなるほどである。愛からは，それがすべてを耐えることにおいて，すべてを自分の中へと取り入れる最高の力（dunamis）が輝くのである。「すべて」という言葉は，この四つの短い文にその力強い，喜びに溢れた勝利する調子を与えている。A. シュラッターはそれについて次のごとく記す。「今や四つの力強い『すべて』（panta）が続く。愛は克服されない。打ち勝たれない。いかなる暴力もそれを倒すことはできない。というのは，愛は苦しみ耐えることができ，それもすべてをである」[*2]。ここでは端的に壊滅されえないすべてが主題であり，それも例外なしにである。この「すべて」はここでほとんど覚醒ともいうべき，歌い踊るような調子で出会われるのであ

---

2) Schlatter, Bote, 367.

§6 愛の Dunamis（力）(7節)

って，それも新しい命へ向かって行くという意味でである。

この panta に関する勝利の響きはロマ 8, 28-39 に同様に聞かれる。「またわたしたちは次のことを知っている。神を愛する人，すなわち……すべてのことにおいて益になるように助けて下さる……」そして「ご自身の子さえ惜しまないで，わたしたちみなのために引き渡されたその方が，どうして彼と一緒に一切のものをわたしたちにお与えにならないだろうか。……だれがわたしたちをキリストの愛から引き離すのだろうか。……苦難か，悩みか，迫害か，飢えか，裸か，危険か，剣か……，しかしこれらすべてのことにおいて，私たちを愛してくださった方によって，はるかに勝利する。というのは，死も，命も，天使も，支配も，現在のものも，未来のものも，権力も，高さも，深さも，その他どんな被造物も，わたしたちの主キリスト・イエスにある神の愛から，わたしたちを引き離すことができないことをわたしたちは確信している。」ここでのようにわれわれのⅠコリント 13, 7 においても，この圧倒されている調子が，言い方の変化，すなわち賛歌的な性格を取っている。勝利する（nikān）ではなくいわばスーパー勝利する（hupernikān）である，すなわち勝利を超えた以上のものである。そしてこの最後に言われたことは，われわれのうちに働く愛の力（dunamis）である（ロマ 5, 5 参照）。神の愛（ロマ 8, 39）とキリストの愛（ロマ 8, 35）がわれわれを，われわれが彼と共にする終末論的苦難においてまさに勝利に満ちた者とするのである。この神の愛は聖霊によってわたしたちの心に注がれているのである（ロマ 5, 3）。

「すべて」(7節) ということは，それゆえ，たとえこの句がその形式から修辞的に漸層的な働きを及ぼすとしても，

修辞的誇張法とみなされてはならない。「すべて」は，7節adの「すべてを忍び（担い），すべてを耐える」によって，対象として明瞭に規定されているけれども，同じことがこの関連で7節bcの「すべて」，「すべてを信じ，すべてを希望する」にも妥当する。

内部の構成に関して，この「すべて」で始まる四つの文肢は，次のように並べられていると考えてよい。すなわち真中にある「信仰」と「希望」が共にそれぞれ7節a「すべてを（愛は）忍び（担い）」と7節d「すべてを耐える」を根拠づける。しかしもちろん信仰と希望をそれぞれ分けて見るなら，それぞれが，すなわち7節b「すべてを信じ」が，7節a「すべてを忍び（担い）」を，7節c「すべてを（愛は）希望し」が7節d「すべてを（愛は）耐える」を根拠づけると見ることも出来る。換言すれば，すべてを耐えることはすべてを信ずることによって可能であり，すべてを忍ぶことはすべてを希望することによって可能である，と解される。後に見るように，パウロにおいて希望することと「忍ぶ（hupomenein, hupomenō）」の関係は緊密である。どの道，明らかに，7節bcの「すべてを信じ，すべてを希望する」はこの節の中核をなしている。この二つの文が全部を担っているのである。その根拠は，信ずることと希望することは主語である愛と共に13節に挙げられているように，止まるところの三つ（trias）をなしているからである。ここでの「信仰と希望だけをパウロは7節から最後の文へと移し入れた。苦しみを担い忍ぶこと（stegein と hupomenein）は，終わりには絶えてしまうのである。しかし実際は逆に，信仰と希望は13節からこの7節へともたらされたと考えられるかもしれない。というのは最後の13節a「信仰と希望と愛は

§6 愛の Dunamis（力）（7節）

止まる」から見て，永遠に止まるものが苦しみのなかで現れるのである。そこで，ここ7節では信仰と希望における愛の力が，はっきりとほとばしり出たのであって，それは鋭意，終わりに向かっているのである。

　われわれは人間的な愛においてもまた，愛が止まるとき，その愛が相手における愛を信じ，それを希望することを確認することが出来る。それが愛の働き方なのである。すなわち，愛が信じ希望すること，これが愛の特徴なのである。真の愛——それはイエス・キリストにおいて現れた，神の愛の人における現前であるが，人におけるこのような愛の真実と信頼を無とし，その希望を破壊しうるようなどんな状況も存在しない。もしそれが成功したとすれば，愛は死んでいるのである。愛は生きている限り，信じ希望する。間違った愛でさえ間違った信頼と希望を示すのである。すなわち止まるところの愛の本質的特徴は人間的な愛のなかにその姿を宿し，影を落としている。何かへの人間的信頼や希望は，己れを求めるということのそのような隠れた仕方に基づくものである場合，その満たされた瞬間にすぐに終わりを見出し，他の果てしのない失敗する試みへと移って行く。それに反して，愛には己れ自身を求めることはまったく異質なことである[3]。しかしここでパウロの陳述は次のようなことである。愛が信ずるということは愛すること以外の何ものでもなく，愛が希望するということはまた愛すること以外の何ものでもない。それは愛自体でありその活動であるので，愛がすべてにおけるすべてなのである。愛は，それが絶えることなく止まることを知っているがゆ

---

3)「愛は己れのことを求めない」5節b参照。

§6 愛の Dunamis（力）（7節）

えに信じるのであり，愛は，それが止まることを知っているがゆえに希望するのである。愛は信仰と希望においてそれ以外の何ものによってもとって代られない。愛はすべてを通じて，それ自身として止まる。そしてこれがその全き力（dunamis）であり，愛は信仰と希望においてすべてを耐え抜き，乗り越える。そしてそれの，弱さにおいて，苦しみを耐えることによって働くこの力（dunamis）において勝利するのである。愛はすべてをその滅亡においてよみがえらせるが，それもこの愛の唯一の救いへと向かってである。これがその働きの本質的なあり方である。このような仕方で，愛はすべてに働きかける。そのようにしてそれは，自分自身において常にその履行を持つ。この意味で愛は三つのうちで「最も偉大なもの」であり，ここでは，構文から言えば，愛は退いて愛という語はギリシャ語のテキストでは姿を見せないにしても，信仰と希望の主語なのである。

まず最初の文「すべてを耐える（愛は）」に目を向けよう。7節 a の「忍ぶ」（stegein）は最後の文である7節 d の「耐える」（hupomenein）に相応しており，似たような事柄を述べている。

Stegein（忍ぶ）は，ここでは担う，耐える，忍耐するなどの意味であるが，「沈黙をもって蔽う」という意味で出会うことがある。すなわち愛については他者におけるすべてのよろこばしくないものを，沈黙のマントで蔽うという意味で語られる。それは担うという基本的な意味での耐える，忍耐するということであり，この意味で受容するということにもなる。しかしここで，最後の「耐える」（hupomenein）」で，反復を避けるために，果たして他のニューアンスの違

った意味を置いているのかどかという疑問がわく。それに加えて「沈黙で蔽う」というのは、あまりにⅠペトロ4, 8の「愛は多くの罪を蔽う（kaluptei）」という言葉から影響を蒙っているのではないかとも思われる。もちろんこのような意味が「忍ぶ（stegein）」に当然含まれてくるのではあろうが。シュリーアは、「愛は他の者が担うため与えることを、沈黙のうちにその大きな広い心に受け入れる。愛は訴えないばかりでなく、嘆くこともしない。それは多くのことを高潔な無言の静けさのうちに残す。愛はそれゆえ良い意味で控え目である。愛はそれゆえ担われるべきものを静かに受け取り、だれにも訴えることをしない。」[*4]と言う。

stegein という言葉は新約聖書で3回パウロだけで出会い、「担う」「忍ぶ」というような意味を持つ（Ⅰコリント9, 12; Ⅰテサロニケ3, 1.5）。これらの箇所では特にⅠコリント9, 12が、なかんずくここでⅠコリント13, 7と同様に「すべて（panta）」と結合して出るがゆえに、興味を引くのである。「もし他の人たちがあなたたちに対する権利に与っているならば、私たちはますますそうする権利（exousia）を有するではないか。しかしわたしたちはこの権利を用いなかった。そうしないで、キリストの福音に少しの妨げにならないために、すべてを耐えるのである（panta stegomen）。」それゆえコリントへの同じ手紙の中で、愛はすべてを耐えるということが、使徒の活動の中で現れると言われているのである。panta stegomen はこの関連で exousia（権利、権力）の対立概念として用いられている。すなわちこの権利や権力の使用がキリストの福音の邪魔になるということである。こ

---

4) Schlier, a. a. O.

れは他の言葉で言えば，福音は，Ⅰコリント13, 7で愛に帰せられる「忍ぶ（stegein）」ということによって広められ，それが使徒的存在の現れなのである。Ⅰコリント9, 12によると，パウロは自明的に使徒的な権力の権利を利用することが出来るが，愛と福音はまさに権力をもって広がるのでなく，それらの要求を捨てること，すなわちすべてを耐えることによってである。そのようにしてここでは全く具体的に，福音が決して力を示す権利の要求でなく，dunamis,すなわち力としての忍び，担うこと（stegein）によって働くということが示されている。

次に「信じる」と「希望する」を考察する。すでに見たように，ここでは愛の内部での信仰と希望の関わりについて語ることが出来る。両者はそれぞれ愛のあり方として結びついており，その限りで根本的に言って愛の遂行である。「信じる」と「希望する」という順序は，愛が信じることにおいて希望することを表している。そのようにして希望はまた信仰の遂行である。すなわち希望は信仰のうちに遂行される。その基礎は信仰であり，それから離されることはない。希望は信仰から育つのである。突き詰めて言えば，希望は信仰のあり方であるとも言える。

希望は，すなわち信仰する愛のあり方であり，真実への信頼に満ち，期待に満ち，喜びで満たされた将来への展望である。それは期待にそって眺めることであり，出発への力である*5。信仰は常に慰めをもたらす希望の眺めに身を委ねる。信仰において，信仰者は彼に開かれる希望の慰め

---

5) ヘブル11, 8参照。

に身を委ねる。希望は来るべき「完全なもの」(10節a)をあらかじめ仰ぎ見るのである。「希望のなさは時の背後から歩むのだが,希望はすべてのものに先立って急ぐ……なぜならすべての時を追い越す未来を希望しつつ,すでに見出したからである」*6。

この信仰と希望の関連は,アブラハムの信仰の例においてはっきりと眺められる。「彼は死人を活かし,無から有を呼び出す神を信じた」(ロマ4, 17f)。というのは,彼は自分の体が死んでいて,サラの胎も死んでいることを考えたのである。信仰は,真の意味で,すべての希望が絶えてしまったところで初めて希望する。したがって希望は,本来神の創造の力に希望するのであり,したがって「見える希望は希望でない」のである。「なぜならばわたしたちが救われたのは,希望へと (elpidi=zur Hoffnung) 向かってである。目に見える希望は希望ではない。なぜなら見ているものを誰がなお望むであろうか。もしもわたしたちが見ていないものを望むなら,わたしたちは忍耐をもって待望する (apekdechometha)。」(ロマ8, 24以下;Schlier)。すなわち真の希望とは,神が死者を生かすことへの希望であり,それは愛の力である。したがって真の希望は待忍であり,それはすべてに拘わる。希望は神の創造への希望である。

これが「すべてを希望する」ということの的確な意味である。希望は,したがって創造的な力である。真の創造的な希望は,何らかの連続的な状態のうちに実現しそうなものを期待するのでなく,そこに存するのでもなく,端的に愛の断絶を超える創造的連続性のうちにのみ存するのである。

---

6) Schlier, Existenz, in: Besinnung, 131.

根本的に言えば，愛は創造的な意味で愛を希望するのである。このことは，まさにすべてを生き生きとさせることを意味する。愛には本質的にこのことが属する，すなわち希望は，愛において働くが，愛によって担われ，満たされている。これに反して絶望は，愛を不真実とすることを先取している。

次は最後の文，7節d の「すべてを耐える」ということについてである。この panta hupomenei ということで panta stegei (すべてを忍ぶ) で始まった7節を仕上げ，4-7節全体をまとめる。またこの7節d は4節a の「愛は寛容である」に戻るのである。愛は惜しみなく与えるといってもよい。すなわちここで始めに戻る。そのように4節-7節は愛の寛容さの陳述で始まり，その忍耐についての陳述で終わる。ここでは，例えばこの二つの語が結びついているコロサイ 1, 11「あらゆる力によって強くされ，喜びのうちにすべての忍耐と寛容へ (eis pasan hypomonēn kai makrothumian)」，を引用することが出来よう (ロマ2,4も参照)。

そのようにして愛についての陳述の初めと終わりに (4-7節)，愛が寛容 (我慢強い) であると記されている。7節だけに関して言えば，stegein と hupomenein でもって，inclusio すなわち囲み込みという文体について述べられうる。忍・耐ということである。もちろんこの両者の間に，最後の動詞が最初のものよりアクティヴで強い意味があるかどうか，すなわち意味の強化があるかどうかは疑問である。

さて新約聖書においてこの「耐える (hupomenein)」，とその名詞形 (hupomonē) はしばしば使われている。パウロではこの動詞はこの場所以外ではロマ8, 24と12, 12に2回

出る。しかしながら名詞形はずっと多く用いられている。すなわち，ロマ2, 7; 5, 3.4; 8, 25; 15, 4.5; IIコリント1, 6; 6, 4; 12, 12; コロサイ1, 11; Iテサロニケ1, 3; IIテサロニケ1, 4; 3, 5などである。意味はもっとも良く「たち止まる，不動，不屈」ということで表される。一方「忍耐」という訳は，日常のあまりに頻繁な使用から摩滅されたように響くのでここでは避けることにする。

　ここでまた「希望」に立ち返ろう。この語はパウロでは名詞形で，第2次パウロ書簡も入れるなら36回（全新約聖書で53回），動詞形で19回（全新約聖書で31回）用いられている。これに対して四福音書で名詞形は見当たらないし，動詞形は計5回であることに注目する必要があろう。ここにパウロ神学が躍動している。

　さて最後のこの「耐える」について，まずさし当たって動詞の形に注意を向けるならば，ルカの幼児史のうちに使用されている。「……その子イエスはエルサレムに残った (hupemeinen)」(2, 43)，は，ここで全く具体的な意味が示されるので，大変参考になる箇所である。この「残った」という語は他の色々なニュアンス，例えば「他の者が行ってしまっても残る，逃げて去ってしまう代りに残る，戦闘で立ち止まる」など，また確かに「苦しみの下に立ち止まる」などの意味を示す。そしてそのさい考慮すべきは，「そのもとで人が立ち止まる否定的悪がいろいろな仕方で表現される」ということである。そのことからこの動詞の根本的な意味合いは menein「止まる」にあると見てよいであろう。

　すでに述べたように，7節は，7節dと7節cの関連から，

どこにこの立ち止まるということの，この絶えざる担い，絶えることの源泉があるかが明らかである。愛は，それがすべてを希望するがゆえにすべてを耐える。ここで立ち止まり，居残るということと希望の結合が明らかになる。その底には創造への希望があるのである。

また希望が忍耐を可能にし，それも希望が忍耐から育ってくるということを，パウロは他の箇所で語る（ロマ5, 4参照）。「艱難は忍耐を生じさせ，忍耐は確証，確証は希望を生じ，希望は欺くことはない。」

そのようにして信仰，愛，希望という三つの言及にさいし，Iテサロニケ1, 3に，希望の持続（he hupomonē tēs elpidos）について語られるが，そのさい持続（hupomonē）は対象として理解されるべきなのである。この箇所は「希望」と「忍ぶ」というIコリント13, 7の関わりの基礎を補強する。というのはIテサロニケ1, 3の忍耐は，希望の効果として描かれているからである。希望はその忍耐において働き，後者は前者の証示である。忍耐は希望によって生み出され，そして希望を繰り返し新たに堅固にする。忍耐は患難における持ち堪えることであり，落ち着いたこらえることである。

そしてこれ自体がすでに述べたように正確にロマ5, 2ffで語られているのである。「わたしたちは……また神の栄光に対する希望を誇っている。そればかりでなく苦難をも誇る。われわれは，苦難は忍耐（hupomonē）を，忍耐は練達[*7]を，練達は希望（elpis）を生むことを知っているからである。その希望ははずかしめられない。なぜなら，神の愛が私た

―――――――

7) 確証；dokimē; Bewaehrung.

§6 愛の Dunamis（力）（7節）

ちに与えられた聖霊によってわたしたちの心に注がれているからである。」シュリーアはこの箇所は先に述べたテサロニケ書の箇所の後になって書かれた詳しいコメンタリーであると言っている[*8]。どの道ここでは希望ということで始められた思考経過が鎖のように連なり，忍耐を通って再び，最後には神の愛に根拠づけられている希望へと立ち戻り展開されている。われわれの希望をはずかしめないのは神の愛であると最終的に言われているのである。希望は神の愛の力である。われわれはそれゆえ信頼に溢れて神の光栄への希望に身を委ねるべきである。なぜなら，われわれはこの希望への信頼の中に存続しうるからである（「われわれは希望に誇る」）。そして希望は患難を前にして忍耐となり，その忍耐のうちに希望は試練を経たものとなり，それによって新たにされ，強められ，堅固にされた希望は真であることが実証されたものとなるのである。ここでいわば輪が閉じられる。忍耐は再び「希望の保護者」となるのである。

「忍ぶ」（hupomenein）という動詞は，パウロではⅠコリント13,7の他にまだ二回見られる：ロマ8,24; 12,12である。両方の典拠は明らかに「耐える」と「希望する」の間の本質的な関連を示す。

ロマ12,12は，すでに述べられた導入の主導文「愛は偽りのないものであれ」（9節）の下に，次のようにある。

　希望において悦ばしく（tē elpidi chairontes）
　患難において忍耐強くあれ（tē thlipsei hupomenontes）
この二つの平行的に構成された句，── それは意味にお

---

8) Gemeinde 19.

いてもパラレルであるが，さらに見るなら，われわれは,希望はまた喜びを起こし（ロマ15, 13：「希望の神があなたたちを喜びで満たし」），患難が忍耐を生み出すと言える。そのようにして全く同じ意味が，ロマ5, 3：「われわれは患難が忍耐を呼び起こすことを知っている……」で述べられる。終末的患難は忍耐を生み出すが，そこから希望が出て来るのである。

くりかえすが，希望と忍耐の互いに緊密な関係はまずロマ8, 24に力強く述べられる。「というのはわたしたちは希望において救われている。しかし目に見える希望は希望ではない。というのは人が見ているものをなおどうして待望するのか。しかしわれわれが見ないものを希望するなら，われわれは忍耐をもって待つのである。」

ロマ8, 24の「希望」という与格には，そのさい二つの仕方で理解されうる。一つはロマ4, 18のアブラハムの物語のうちでのように eph' elpidi（希望に基づいて）という意味で，他はここで希望が希望する物（Hoffnungsgut）を意味するという仕方でである。しかしよりよくはここで両方の意味を一つにする。このことは可能のみならず，さらなる理解に寄与する──，というのは希望という言葉はここで内容的にも充実したものでなければならないからである。希望はここで具体的には先行する「子たること」（Sohnschaft）から「われわれの体の救い（23節）」を意味している。そしてこれはより広い意味で「神の子の自由」（21節）の希望のうちに含まれるのである。希望するものはそれゆえ全被造物に関して宇宙的な規模を取るのである。24節における希望は，それで被造物の「希望へ」（eph' elpidi）ということに

§6 愛のDunamis（力）（7節）

深い関係を持つ。われわれが24節aの希望をこの意味で理解するならば，それに続く文「見える希望は希望でない」ということのより深い意味が明らかになる。パウロはここで漠然と希望一般についてではなく，体の救いへの希望について話しているのである。霊の体（Ⅰコリント15, 42ff）は見ることができない。パウロはここでロマ4, 18においてもまた希望について，それもすべての希望が絶えるところで死者を活かす神によって成立する希望について語る。そしてこの希望に続く文，「というのは人が見ていないものをなおどうして待望するだろうか（elpizei または hupomenei）」（8, 24）。ここで hupomenei という読み方を取るなら，ここでは耐え通す（ausharren）という意味が妥当する。「耐える」（hupomenein）の意味は，希望のそれに接近する。どの道パウロの「希望する」という言葉は常にこのような色づけを持っている。なぜならここでは特に見えない希望するものが問題となっているからである。この結合は続く25節にはっきりと言い表されている。「もしわれわれが見ないものを希望するなら，忍耐（hupomonē）において待つのである。」この待つこと（apekdechesthai）は19節に「神の子たちの現れ」に関して，また23節には「体があがなわれる」に関して使われている。それゆえ，もしわれわれが，ここで「忍耐」をもって特別に待つことの仕方，それも神のドクサ（栄光）の啓示に関して，すなわち死者を活かすことに関することが考えられていると言っても，言い過ぎになることはないであろう。ここでは，忍耐ということをもって，最早一般の荷を耐え忍ぶこと，またはそれに似たことなどが考えられているのではなく，全く具体的にいまだ見えぬもの，すべての通常の希望が絶えたところで，初めてなされ

る神の一方的な行為が考えられているのである。希望は中絶（Abbruch）における決起を期待する。最後には希望は終末論的に明らかにされるべき端的に見えないものを待つことである。希望はまた同時にそのような待つことに先行する力なのであり，その随伴現象ではない。忍耐は事実そのうちに時の終わりの待つことを腹蔵する。希望はそれゆえもっとも深い意味で終末論的な概念なのである。

「耐える」，そして「愛はすべてを耐える」ということで，それゆえ全く明らかに終末論的な忍耐が言い表されている。Hupomenein は何かを蒙りつつ耐えるということであり，過ぎ去ってしまうことではない。そのことでこの最後の文7節dは，「愛はすべてを耐える」ということで直接次の新しい8節「愛は絶えることがない」へと移り行くのである。

すなわちこの忍耐は，神の愛の力 dunamis そのものであり，人間の業績でなく，そのようなものでは決してありえないことが明らかになる。というのは神は「忍耐と慰めの神」（ロマ15, 5）であり，それはすなわち忍耐と慰めを与える神である。そして神はまた「希望の神」（ロマ15, 13）である。「愛はすべてを耐える」は，最終的には神についての陳述なのである。この愛は，われわれに与えられた聖霊によってわれわれの心へ注がれたのである（ロマ5, 5）。愛のデュナミスはそれをもってわれわれの心に働いており，われわれは来るべき完全なるものへの希望において，すべてを担い耐えることが出来る。これは人間から見た場合不可能であるものが，すでに現実的なるものとして言われているのである。

最後に7節をもっぱら神のアガペーについての陳述とし

てみるなら，その時「愛はすべてを耐える」は，最も深い意味で，神の愛がすべての人間から来るものを耐えると言っているのである。この「すべて」ということに対して何の例外もなく，それはわれわれの思考をはるかに越えるものなのである。もしそうでなければ，愛は分裂してしまうであろう。というのは愛はこのことをその本質的なあり方として有しているからである。「1-3節の主語は『私』であったが，4-7節では『愛』自体が，8-13節では『私たち』が主語である」*9。

　結論として次のように言えよう。人間は，自分を全くの率直さと限りのない希望をもって神の裁きに委ねることが出来る。そしてこの愛の経験は測り知れない喜びをもたらすのである（フィリピ4, 4f）。愛が止まることが，同時にそして根源的に信仰と希望が止まることであることは最早明らかである。人間は神の信ずることと，希望することの対象なのでもある。ここから稀なる悦ばしき陳述「この三つが止まる」という，三つが単数の「止まる」ということが明らかになる。この三つは愛の止まることの本質的なあり方なのである。「たとえ心がわれわれを有罪としても，神はわたしたちの心より偉大で，すべてのことをご存じだからである」（Ⅰヨハネ3, 20）。神の愛は完全であり，「完全なもの」である。そして「愛には恐れがない。むしろ完全な愛は恐れを追い払う……」（Ⅰヨハネ4, 18）。この完全な愛は，神の愛以外にない。そして「外へ投げ出す（exō ballein）」は，ヨハネの書では裁きの出来事の特別な表現である（ヨハ

9）泉, 133。

ネ6,37; 9,34f; 12,31; 15,6; Ⅰヨハネ4,18)。それであるから最終の裁きは，この愛の完成以外の何ものでもないのである。

　最後に次のことに注意を向けたい。「13章の中には新約聖書の中でここだけ，あるいはパウロの手紙の中でここだけにある語が七つある(情け深い，自慢しない，いらだたない，廃れる，やむ，鏡，おぼろに映ったもの＝謎)」[*10]。

---

10)　泉, 129。

§7 「わたくしがまったく知られているごとく」（8-13節）

テキスト

8a 愛は決して絶えることがない。
 b 預言であっても，すたれるであろう。
 c 異言であっても，止むであろう。
 d 知識であっても，すたれるであろう。
9 　というのは，われわれは部分的に知っている。
　　そして部分的に預言する。
10 　完全なものが来る時は，部分的なものはすたれるであろう。
11 　われわれが幼子であった時には，幼子のように語り，幼子のように思い，幼子のように考えていた。
　　大人になった時は，幼子のことを捨てた。
12a　というのは，今われわれは鏡を通しておぼろげに見ている。
 b　しかしその時は顔と顔とを合せて（見るであろう）。
 c　今はわれわれは部分的に知っている。
 d　しかしその時はわれわれが（完全に）知られたように，（完全に）知るであろう。
13 　それだからこれら三つのもの，信仰と希望と愛は止まる。

しかしこれらのうちで最も大いなるものは愛である。

4-7節の愛についての主題的な観察に引き続き，それに続く8-13節のテキストを見てみることは，それが4-7節の愛の解明のために本質的な寄与をなす限り有益なことであろう。しかし不必要な繰り返しを避けるために，このテキストについてすでに述べられたことは省略することにする。

8-13節は「愛は決して絶えることがない」というふうに，アガペーという語で始まり，また「しかしこれらのうちで最も大いなるものは愛である」と，アガペーという語で終わっている。すなわち初めにして最後の言葉はアガペーである。こうしてこの語はこの部分を取りまとめ，たとえこの語がそれ以外テキストで現れなくとも，その全体を貫く主題となっている。しかしこのことばかりではない。8節では愛が絶えることがないということを言っており，13節では，愛が止まると言われている。この構成でこの部分の全体のテーマが与えられている。それは愛が永遠に止まるということ，ないしは愛が不滅であるということである。

しかし先行する部分である4-6節の分析の結果はまさにこのことであった。すなわちこの部分，8-13節のテーマは愛の不滅性である。しかしそのことは8節の初めに初めて言われるのでなく，「すべてを忍ぶ」（hupomenein）ということで準備され始められていたのである。このことに関して興味深いことは「絶える」（piptein）も「止まる」（menein）も共にアイオーンについての用語と考えられることである。そこからアガペーはここで一つのアイオーンとみなされて

いることが分かる。それによって8-13節の根本的なアスペクトが明らかになる。ここでは愛の終末的な視野が問題となっているのである。このことから「絶える」という語が，終末論的であり，かつユダヤ的な用法であることが分かる。

7節dの「愛はすべてを耐える」から8節aの「愛は絶えることがない」への移行は，「耐える」ということが「止まる」（13節）のあり方であること，かつその「すべてを忍ぶ」（7節a）ということが，その「立ち止まる」や「耐え通す」などの意味を強調することで明瞭にされる。しかしこの移行は単に連続的なものではなく，それはすでにイエス・キリストの受難と復活の秘儀をそのうちに含んでいる。「すべて」を受難し，耐えるということの中にはイエス・キリストの受難の本質的な内容が見出され，いわばポテンシャルに死の復活が遂行される。換言すればこの二つの出来事には，それらを貫通するアガペーのダイナミックな力がその根底にあり，その二つは根源的にはただ一つの神の出来事なのである。

8節a「愛は決して絶えることがない」は，文の形式からすれば4-7節と同様に構成されている。そこから，この文はむしろ4-7節の終結部をなしているのではないかと問われることがある[*1]。そのさい「決して」（oudepote）は4回繰り換えされる「すべて」（panta）に対置されるというが，その場合「であっても」（8節）のdeが意味を失うのではないかと自問されている。それゆえ8節をこの新しい段落の初めとする方が納得がいく。そのさいここで形式および内

---

1) W.Michaelis, ThWbNT VI, 166, 18ff.

容上，ちょうど4-7節のように愛の最終的な本質的特徴が挙げられているということが洞察されるのである。ここでは「決して絶えることがない」は，終わりである13節の「愛は止まる」に相応する。換言すれば前者は後者の先取である。「絶える」(piptein) という語は「滅びる」ということについての選び抜かれた表現であるという (ルカ16, 17)[*2]。「決して絶えることがない」は，ここで言われる「すたれるであろう」や「止むであろう」,「すたれるであろう」(8節 bcd) の反対として置かれている。この表現は現在形であるが，他は未来形であることは，来るべき終末の出来事を表している。それらは「この世」(aiōn houtos) に属している。異言だけに「止むであろう」(pausontai) と言われているのは，この異言が，8節限りで続く9節に最早言及されていないこと，すなわち続くテキストでは姿を消すことと関わりがあるのかもしれない。この語については，むしろ「すたれる」ということほど強いニュアンスを持たないのではないかという印象を持ちうる。異言は何らかの仕方でそれ自身消失していくのではないか，と仮定してはいけないのであろうか。次にこの関連で以下の様な疑問が浮かぶ。なぜここ8節では，1-3節に挙げられた五つのカリスマのうち三つが取り上げられていて，2-3節のカリスマに関して信仰 (12, 9参照) と慈善 (カリタス) (12, 28参照) が抜かされているのであろうか。というのは，ある意味では8-9節は1-3節に接続するからである。考慮さるべきはこの二つのカリスマは，8節ですでにアガペーのうちに吸収されているのではないかということである。

---

2) Weiss Kom 317.

8節に関して，1-3節に比較して，議論がずらされているのではないか，ということに注意が向けられるべきであろう。「先には以下のようにあった。数え上げられた賜物は，それ自体愛が抜かされていて，愛によって初めて意味を持つ。……それに反して，今や愛とカリスマは反対のものとして置かれている。そして議論は『それらが止むであろう』という終末的なものとなっている」[3]。この視点のずれはわたくしが思うところでは非常に重大である。パウロは1-3節で現在に関して語っているのだが，他方ここでは，彼は終末へと着眼しているのである。そして確かにこの二つの視点である現在と終末は，12節では「今や──その時は」（12節cd）として対置されている。しかし，1-3節と8-10節のこの二つの見地は，4-7節におけるアガペーについての陳述によって束ねられている。それゆえ愛については，全体にただ現在と終末について語られる。このことは，愛においてこの二つのアスペクトが一つとされているということである。一方愛はその献身において，たとえその時だけ（for the moment）でなくとも，瞬時（in the moment）に生きている。愛は愛のうちへと現在において己れを見失うのである。しかしそれは永遠であるがゆえに，現在の愛の遂行において完全に永遠へと向けられているが，現在から目をそらし，それを通り過ぎるような熱狂的な仕方ででではない。徹底的に現在へ向けられている愛の遂行が止まるものであるという知が，人間をして，永遠的なものへの熱狂か，生活の瞬間的なものの強調か，どちらかという分裂に堕することを妨げるのである。愛は熱狂主義や狂信とは無縁であ

---

3) Conzelmann, Kom 66.

る。愛は己れを完全に現在の瞬間へと投げ入れるが、その瞬間に愛は常に永遠の到来と現前を見るのであり、他方それは同時にこの世の形は過ぎ去ることを知っている。この事態を、パウロは次のように言う時に眼前にしているのではないか。すなわち、「兄弟たちよ、これが私の言っていることである。時は縮まった。今後は妻を持っている人は持っていないかのように、泣いている人々は、泣いていないかのように。喜んでいる人々は、喜んでいないかのように。買う人々は、所有していないかのように。世と関わる人々は、世と関わらないかのように。というのはこの世の形は過ぎ去るのであるから。わたしはあなたたちが心配しない者であることを望んでいる」（Ⅰコリント 7, 29-32）。心配しないということは、己れをその各々の具体的な生の瞬間に全く投入し、そのさいそれが過ぎ去りはするが、愛に関しては永遠に止まることを知っていることである。

9-10節「というのは、われわれは部分的に知っている、そして部分的に預言する」は、「というのは」(gar) ということで8節bcd すなわち預言と異言とグノーシスを根拠づけ、説明する。9節ではすでに述べたように、認識と預言のみで異言は最早現れない。異言はここで立消えになる。そして残りの二つ、認識と預言のすたれること (katargeisthai) は、9節で副詞的な結合、ek merous（「部分的に」）によって表現されている。「部分的なもの」が滅びることの根拠は、10節に「完全なもの」の到来ということで明らかにされている。この「完全なもの」の到来は、「部分的なもの」の滅亡を避けがたいものとする。この「完全なもの」は愛の違う名前であると言ってよい。それは愛の完璧な現れのこと

§7「わたくしがまったく知られているごとく」　151

である。しかし「完全なもの」の「部分的なもの」への関係については何を言うべきであろうか。ここでこの関係を，全体的なものとその部分に解体することが厳しく避けられなければならない。すなわち，完全なものは，それが部分を含んだ全体を表示するという意味で考えられていると強調するのは間違っているのではないだろうか。というのはここでは全体（to holon）とあるのでなく「完全なもの」（to teleion）（ロマ 12, 2）とある。もちろんこの二つの概念は交代して用いられることもあるが。例えばⅠコリント 12, 27 で ek merous（部分的に）はこの意味で，すなわち全体に対して用いられている。（それ以外しばしば apo merous Ⅱコリント 1, 14; 2, 5; ロマ 11, 25; 15, 15.）この ek merous に対しては ek tou pantos が普通の対置である。この全体ということから出発する見解になぜ反対するかというと，「完全なもの」がすでに来たということではないので，それはそのようなものとして見えかつ把握できるものではない。このことは 11-12 節の「その時は」（12 節 bd）から全く明らかなことである。それゆえ部分を分析しようとして全体から出発することは不可能である。ここ 11-12 節ではどのみちこれらの賜物が，部分，すなわち断片であるということ以外はなにも言われていないのである。間違いは，グノーシスが部分的なもの（中途半端であるもの）であるから，ここですでに全体が把握されうるという前提の下に分析されていくということである。「完全なもの」という認識は，顔と顔とを合せる直接性において，キリスト者に初めて与えられる（12 節）。「部分的に」ということは世界時間におけるキリスト者の状態をしるしづけるのに役立つのである。キリスト者の地上的実存は，それが霊によって規定されてはいても，

断片というしるしの下にある。将来のアイオーンにおいて，初めて断片は完全なものによって取って代られるのである。それゆえ，どのような意味でこれらの賜物が断片であるかという問いへの正確な返答は，われわれには与えられていない。ただ単にわれわれは，「完全なもの」にはなにも欠けてはいないこと，愛は十全な認識を意味し，それは愛として十全な自己啓示以外の何ものでもなく，その断片は「部分的なもの」，すなわち認識や預言で与えられているということを察するばかりである。

次に幼子についての11節を考察しよう。「われわれが幼子であった時には，幼子のように語り，幼子のように思い，幼子のように考えていた。大人になったときは，幼子のことを捨てた。」

まず第一に，11節のテキスト全体における位置づけに注意を向けなければならない。このことに関して，「今」と「その時」の対置は「二重の比較の下に」あり，それゆえ，「子供と大人（11節……）と，それから鏡を通して媒介されるものと来るべき直接の観照によってなされている」という意見がある[*4]。しかし，幼児に関する11節は「というのは今われわれは鏡を通しておぼろげに見ている」と並んで，またそれが12節aと並んで，正確に言って「パラレルをなす二重の比較」であるかのように誤解されてはならない。11節と12節aは，それぞれ全く異なった性格のものである。ためしにちょっと一度11節を外してテキストを読んでみるとよい。特別な乱れは出てこないであろう。またそのさい

---

4) Bornkamm, Weg, 104.

§7 「わたくしがまったく知られているごとく」 153

子供の認識は，大人のそれと決して比較されているのでもなく，それが12節に「しかし……その時は」と，二度もなされているように互いに対置されているのでもない。子供らしいことの廃棄（katērgeka）は，12節の「顔と顔を合わせて見る」「その時」に対応するのではない。というのはここでの将来のことは実際にはまだ来ていないのである。それゆえ，正しくは，11節bでただ端に不完全なるものの廃棄が，挿絵的に明らかにされているのだということが全く明瞭である（katargein という動詞は8-11に4回も用いられている）。それゆえ，この「捨てる」という動詞が用いられるその最後に，他の視角へと移るために，もう一度それについての説明がなされていると言うことが出来る。それゆえ11節の性格を規定するキーワードとして，「最終的に終わりへと来る」という終末論的な意味を持った katargein という語が役に立っている。11節では katērgeka「捨てた」という語が重要なのである。それによると，11節はこの katargein という出来事のあり方を説いている。この事態を次のように説明してよいであろう。「かような過ぎ去ることの必然性を11節のたとえは解き明かしている」[*5]。そして12節では事柄へと戻る。それに従えば，11節はおそらくは，廃棄ということをコメントする一つの餘論である。それゆえここは短い中断の一種であり，「断片（ないし部分的なもの）」の説明が，12節aを除いては，12節bの「今われわれは部分的に知っている」という文まで継続しているからである。

　問題は，今やなぜパウロが誤解される危険を犯してまで11節を挿入したかである。この節の深い意味はどこにある

---

5)　Weiss, Kom 318.

のだろうか。これに答えるためには11節にやや詳しく立ち入らねばならない。例えば，lalein を異言に，phronein を預言に，logizesthai をグノーシスに関わらせるのは全く本筋をそれたことであるであろう。また「話す」を別にしても，phronein「思う」は興味や努力の目標，logizesthai「考える」は思慮や考察を意味すると言える。しかしこの三つの動詞のどれにパウロが重きを置いているかが大切なのではなく，子供の根本的な態度というものが大切なのである。このさいまず第一に重要なのは，gegona…katērgeka（なった時は，……捨てた）ということ，しかも gegona（なった）という瞬間であろう。ここで残余のテキストから目を離し，この完了形に注意を集中せねばならない。すなわち，この瞬間に以前のものが何であったかが最終的に知られるのである。それゆえこの完了形はここで正しく機能しており，文体的に適当でないなどということはない。むしろこの瞬間が終末論的なそれと比較されているのである。ということは，パウロ自身ここでまた己を nēpioi（幼子）に数え入れているのである。幼子は自分からは決して自分を大人の存在に置いてみることはできない。しかし人が成長して回顧する時には，arti（今）に対置される曽てのことは最終的に過ぎ去ったのである。このことは，人がまだ子供である限り決して自明のことではないのである。子供は決してその視野を越えて出ることは出来ない。しかしこの視野こそが「部分的なもの」をもって考えられているものである。そのことで幼児的なものの廃棄が生じる。ただそれ以前には人は子供として，そのことについて全然知らないし，一度としてそのことのおぼろげな予感さえもないのである。それでこのことのうちに完全なものの先取の不可能性が全く明瞭

であり，このことに関してのわれわれの徹底的な予感の欠如が強調されている。再び非連続性のアスペクトが支配的である。すなわち認識は廃棄される。同時に hote…katērgēka（［なった］時は……捨てた）が大変強調されている。それゆえこの瞬間に人は最終的に子供のこととは何であったかを悟り，それはもう全然妥当せず，それが止んだのであり，それをもって最終的に過ぎ去ったことを悟るのである。後述するが，それは「鏡を通しておぼろげに見ている」ということの成立である。それでもって，ここでグノーシスと預言に絶対的な制限がなされた。それも完全なものについてのあらゆる種類のスペキュレーションに対してであり，またこのことに関するあらゆる熱狂主義への防御がなされるのである。

　12節においては二回の「今は……その時は」という図式によって現在が終末に対置されている。
　12a　というのは，今われわれは鏡を通しておぼろげに見ている。
　　b　しかしその時は顔と顔とを合せて（見るであろう）。
　　c　今はわれわれは部分的に知っている。
　　d　しかしその時はわれわれが（完全に）知られたように，（完全に）知るであろう。
　まず最初の12節abの対置に目を向けよう。すでに11節において，この「今……その時」は，「今」ということからその時へ向かって橋渡しができないということが明瞭となった。最初の句（12節ab）においては「見る」が主たる語である。「鏡を通しておぼろげに」や，「顔と顔とを合わせて」は，「見る」ということについての副詞的規定である。それ

ゆえまず,「鏡を通しておぼろげに」が決して孤立して観察されてはならないのであり,それはコンテキストから解釈されねばならないということを強調する必要がある。このことからここで鏡を通しておぼろげにということは,古代の鏡が明瞭な像を与えない(Pauly)ということでもなく,ただ鏡によっては模写を見るだけであるということとも縁遠い*6。

　まず第一に,「鏡を通しておぼろげに」が「われわれは部分的に知っている」に対応し,互いに平行して置かれていることが見られる。だがそれから「鏡を通しておぼろげに」がまさに部分的な認識として廃棄されるであろうということが明らかである。鏡の像もまた廃棄されるであろうし,終末に関してそれから何か積極的なことが得られることもないであろう。

　そして第二に,12節a「鏡を通しておぼろげに」を「顔と顔とを合せて」への対置において,この12節b「しかしそのときは顔と顔を合わせて(見るであろう)」を観察するなら,その句は関連をより明瞭にするであろう。すでに述べたようにこの句は副詞的規定であるが,「見る」ということの対象は全然挙げられていない。たとえ epegnōsthen ([完全に]知られた)ということから神が考えられているのであろうとしても,やはりこの箇所は神を見ることの決定的な典拠と取られることはできない。そこから12節a「鏡を通しておぼろげに」に関して帰納的な推理をするなら,「顔と顔とを合わせて」という句はある像を見るというようなことを特別に強調して目指してはいないのである。それをもっ

---

6) Kittel, ThWbNT 1, 178, 29以下。

て直接的に神を見るというグノーシスの最高に神秘的な神の観照も凌駕されてしまうのである。というのは「顔と顔とを合せて」ということは，われわれがあたかも神のパートナーシップをなす，というような誤解を生じさせるかもしれないのである。この句はそれゆえ続く二番目の「その時は」で始まる句，すなわち「その時はわれわれが（完全に）知られたように，（完全に）知るであろう」という文によって補われるべきである。そこで，12節d「しかしそのときはわれわれが（完全に）知られたように（完全に）知るであろう」が，あらゆる明瞭さをもって退けたこのような誤解から目を転じ，振り返りつつ12節a「今われわれは鏡を通しておぼろげに見ている」を見よう。鏡という像でここでは具体的に何を見るかは挙げられていないのであり，ただ間接的な見ることのあり方が考えられているのである。

　「おぼろげに」は非直接的という意味で「謎のごとく」ということを意味する。それともこの句はそれ以上の何かを意味しているのだろうか。首尾一貫して見れば，それは具体的にはこのアイオーンにおける愛のあり方を意味していなければならない。しかるにそのさい謎に満ちていることは，その場合これまで説明されてきた愛の描写に含まれていなければならない。その場合ただちに，愛の「耐える」，「信じる」，「希望する」，そして「忍ぶ」ということをもってほのめかすような暗示が与えられている7節が思い起こされるのではないか。すでにこのアイオーンに侵入した愛は，そう言ってよいなら，なぜこのアイオーンでかくも多くの痛みと苦しみがあるのかを理解しないのであるが，他方愛はすべてこれらの謎に満ちた苦しみを静かに受け耐え，耐え通すのである。この「見ること」の間接性は「分からない」

§7「わたくしがまったく知られているごとく」

という何か暗いことである。このことは，幼児のことを捨てた（11節b）によって，強く浮上する。愛がすでにこのアイオーンに侵入しているにも拘わらず，無限と言ってもよいほどの，意味がないように見える苦しみがあるのかを理解するということが，簡単には与えられていないのである。これらの意味がこの「おぼろげに（謎のように：en ainigmati）」ということのうちに含まれていると考えられよう。ここでもグノーシスの限界が見得るものとなっている。前述したように「おぼろげに」は子供のことを捨てた時に問題となる。

次に12節cdすなわち「今われわれは部分的に知っている（c）。しかしその時はわれわれが（完全に）知られたように，（完全）に知るであろう（d）」を取り上げる。ここではわれわれが自分から眼を直接神のおん顔に投げうるということではないということがすでに明らかになった。この誤解はテキストの続きの二番目の，「その時はわれわれが（完全に）知られたように知るであろう」ということで完全に取り除かれる。次のように言うことが正しい。「パウロは意外なことに『今は部分的に知っている』の後に『しかしその時には完全に知るであろう』とは続けず，『しかしその時はわれわれが（完全に）知られたように，（完全に）知るであろう』と続ける。完全無欠とは認識と認識されることの間の深淵が神によって埋められることである」[*7]。この深淵はどんな場合にでも人間からのグノーシスによって埋められることはない。

---

7) Bornkamm, Weg, 105.

さて先へ進むと，12節 d では 12節 c「今はわれわれは部分的に知っている（gignoskō）」に対して意図的に epiginōskein（完全に知る）が使われる。ここでは明らかに漸層法が用いられており，より正確に言えば，ginōskō の超越形が見られるのである。換言すればここで epiginōskein は ginōskein から，前者が神から後者が人間から出るということによって区別されている。このことは，新約聖書の他の箇所でこの二つの動詞がしばしば互いに区別されない時，ますます注意されるべきことである。しかしパウロにおいてはその語の使用に異なるニューアンスが認められるのである。このように epiginōkein は部分的なものとなんらの関係もない。テキストにおいていわばこれまで生き残り，最後まで止まったグノーシスはエピグノーシスによって完全に打ち勝たれ，「その時」には消失するのである。「われわれが完全に知られたように」（12節d；Ⅰコリント 8, 3 参照）は，能動態から受動態への変化によって絶対的な意味での転換として印づけられる。それは人間を全き回心へと置く，全くの転換である。希望というものはこの受動態において，決して人間から克服されることのない深淵が，自分の側で自分からグノーシスによって目標に達する必要がないというところで成立する。テキストのアオリスト形（「完全に知られた」）はそれがすでに起こっていることを示す。それは十字架でのアガペーの啓示，そして洗礼をも示唆する。「顔と顔と」という句においては，恣意でなくアガペーの瞳について考えざるをえない。この 12節 d の認識はただただ愛の輝きなのである。この受動態，すなわち epiginōskein という神から働きかけられているということは恩寵の選びという考えを含んでいる。それは，人間があって，それから神から

認識されるということではなく，全くその反対である。まず初めに神から完全に認識され，この人間という存在があるのである。この「ある」ということは，神から完全に認識されてあるということなのである。

　8節 a からアガペーがテーマとして挙げられて以来，このアガペーはテキストには現れなかった。それはアガペーが自分のことを求めない，ということを示すかのようであった。そしてそれにも拘わらず，神からのエピグノーシスがすべてにおけるすべてを言い当てているがゆえに，そして究極にはそれが神の愛として開示されるがゆえに，グノーシスは終わりには最早存在しない。この愛の輝きとは何を指しているのだろうか。それはわたくしがあるところのものの啓示である。神はわたくしを，そしてすべての人間を，すべて，すなわち被造物がこの神の眼の瞳のうちに全く明るくされ，光のようなものであるような仕方で見るのである。そして究極的にはわたくしがこの明るみのうちに輝かしく「完全」なのである。そのうちでわたくしが完全に認識するであろうこの明るみは，神がわたくしをすでにいつも完全に認識していたところから由来する。わたくしは，基本的に，はじめから常に完全に認識された者である。これは，「しかしその時はわれわれが（完全に）知られたように，（完全に）知るであろう」（12節d）において全く明らかとなる。この完全に知られることの明るみのうちに，そもそもすべての被造物の明るみが存在する（ロマ8, 18参照）。わたくしがいかに神にとって重要であり，かけがえがない者であるかをわたくしはまだ知らない，なぜならわたくしは完全に知ることができないからであり，われわれは今まだ鏡を通してのようにおぼろげに見るからである。しかし

§7「わたくしがまったく知られているごとく」 161

「その時」が来れば, すべては神の光栄のうちに輝くのである。神から愛されていることの喜びは, 愛することの神の喜びであり, わたくしの存在のための神の喜びが明るさをもたらすのであり, わたくしはこの彼のまなざしのうちにすべてを見ることができるであろう。愛されてあること, このすでに本来常に起こっていることが, かの「その時」にすべて明らかになるであろう。この神のまなざしのうちに, わたくしは, また「わたくしもまた」ということを為すのである。そのとき「完全なもの」が入って来たのである。

13節でパウロはこの賛歌全体を閉じる。Nuni（今や, それだから）は, 時間的でなく論理的な意味に取られるなら理解しやすくなる。ここで「とどまる（menein）」は8節の「廃れる（katargeisthai）」に反し「決して絶えない（oudepote piptein）」の対語をなす。それでもなお時間的な意味に取るなら, 永遠なものが時間の中に入ってきた, それも今から永遠に, という時間的終末論的アスペクトが考えられる。パウロが信仰, 希望と愛というトリアス（三対）をすでに定式的に受け継いだということが知られている。グノーシスに対する論難的な調子はここには見出されない。信仰と希望が止まるということに関しては繰り返しⅡコリント5, 7（「わたしたちは, 見えるものによらないで, 信仰によって歩いている。」）（ロマ8, 24も参照）のような否定的な指摘に出会う。しかしながらトリアスに関して menei という単数形が用いられているという事実が, たとえ主語が中性複数形としても, 三つが一つのものとして理解されているということを明示する。愛は信仰と希望を己れのうちに内蔵する。もちろんそ

れらはその実現のさい信仰は愛以外の何ものでもないようなそれであり，希望もまた愛以外のなにものでもないものである。愛は愛を信じ，愛は愛を希望する。その限り愛は常に信仰と希望を伴う。しかし愛は「最も大いなるもの」である。なぜなら信仰と希望は愛のダイナミックな運動であり，それはすでに7節に「愛はすべてを信じ，愛はすべてを希望する」と表現されていたのである。このことは完全なものが決して停滞したものではないことを示す。愛はdunamisであるからである。愛の思考はまさに信仰と希望によって伴われている。それゆえこの三つが止まるのである。かようなものとして愛はまさに「完全なもの」である。

付論　Ⅰコリント 8, 1b-3

テキスト

（1節a　われわれはわれわれ皆が認識を持っているということを知っている。）

- 1節b　認識は誇らせ，(hē gnōsis phusioi)
  愛はしかし建てる（築く）。(hē de agapē oikodomei)
- 2節　もし誰かが何かを認識したと信じるなら，(ei tis dokei egnōkenai ti)
  その人は，いかに彼が認識すべきかをまだ認識しなかった。(oupō egnō kathōs dei gnōnai)
- 3節　もし誰かが神を愛するなら，(ei de tis agapa ton theon)
  その人は神によって認識されている。(houtos egnōstai hup 'autou.)

独訳

- 1節b　die Gnosis blaeht auf,
  die Liebe aber baut auf.
- 2節　Wenn einer glaubt, etwas erkannt zu haben,
  so hat er noch nicht erkannt,
  wie er erkennen soll.
- 3節　Wenn einer Gott liebt,
  der ist von ihm erkannt.

ここでわれわれの本文の解釈の補足としてIコリント8, 1b-3を取り上げたい。ここに挙げた3節は13章に近い位置を占めることは広く認められている。Weissはもともと8, 3に13章が続くのだ，と主張しているほどである[1]。たとえこのような説に賛成できないとしても，8, 1b-3は確かに13章をまとめ上げたような内容を示している。グノーシスのスローガンともいえる，「われわれは皆認識をもっている」ということの背後には，特殊のグノーシスの世界や存在をかいま見ることが隠されている[2]。それでここではこのグノーシスのスローガンに愛が対置される。このことは，ここで言われているグノーシスが誤っていることを意味している。なぜならカリスマとしての真のグノーシスは，常にまだそれ自体では，愛に関して不完全なものとして完全なものに奉仕するからである[3]。それゆえこのグノーシスの結果は愛のなすことの反対である。「誇る」ことがすでに見た如く，愛に関して否定されており(13, 4)，その「ない」という否定に属している。このようなグノーシスは危険なものであり，それ自体頽落したものである。おそらくはグノーシス主義者はこれで教会を教化し築くことができると考えていたに違いない[4]。これは全く誤ったことで，愛のみがその自己を控えめにすることによって，教会を築いていくことができるのである。それで13章はアガペーの，そして12章と14章の，特に10, 23(「すべてのことは許されている」)の注解であり，特に「築く」(oikodomein)ことのそれで

---

1) Weiss, Kom 311.
2) Conzelmann, Kom; Schmithals, a. a. O. 134f. またIコリント8, 7も参照。
3) Weiss, Kom 215.
4) Weiss, Kom 214.

ある[*5]。8, 1-3では3節が決定的な意味を持ち，これなしには2節は理解不可能である。また2節ですべてが決定され3節は何か新しいことをつけ加えているということではない。2節の「信じる」(dokei)にのみ非難がこめられているのではない[*6]。だが危険は実際にはこの何かを認識したと「信じる」(dokei)にある。というのはこの「認識した」ということは，それ自体愛を取り去れば不可能であり，幻覚に過ぎない（「誰かがこの世における知者だと信じているなら」[ei tis dokei sophos einai] Iコリント3, 18参照）。もしもグノーシスが本当にそれ自体完成したものであるなら，彼らもまたこのグノーシスを承認せねばならないという要求を出すことが出来よう。そしてこのことのうちに「誇る」(phusiousthai)ことが起こる。彼らは彼らのグノーシスを誇っているのである[*7]。グノーシスはここで絶対的妥当性を主張し，自身を「完全なもの(teleioi)」とする。ここに人間のあらゆる思い上がりがあり（Iコリント4, 6），「何かを認識した」と言うことは愛の内にのみ起こりうることであり，そのことについての説明が3節で与えられているのである。3節は2節を，「いかに認識すべき」か，を説明する。そして真のグノーシスを愛から説明する。すなわち，2節がグノーシスの「高ぶる」ことの批判と説明しているのでなく，また愛が「築く」ことのもっぱらの説明ではない。また3節が愛は「築く」ことの説明ではない。3節でパウロは，どのような仕方でグノーシスが愛に依存しているかを，明らかにしようとしている[*8]。もし3節が「愛は築く」ことの唯一の説明

---

5) Conzelmann, Kom 167.
6) Weiss, Kom 217.
7) Weiss, Kom 216.

であるなら，次のような言葉を期待すべきであろう。すなわち，「しかし誰かが神を真に認識したのなら，彼は高ぶることなく，愛を照射するであろう」[*9]。否，愛はグノーシスに依存しているのではない。そうではなくてその逆である。実際に3節は「愛」で始まる。すなわち「もし誰かが神を愛するなら」で始まる。この接続はスムースでないように思われる。しかしそれが，この事実の実体を表している。すなわちこのことは，グノーシスが決して事柄の出発点とならず，愛だけがそれなのだ，ということである。さらに，続く「その人は神によって認識されている」という接続は，より以上に突発的である。それは以下のことにおいてである。そこで言われているのは，「その者は，いかに認識すべきかを認識した（houtos egnō kathōs dei gnōnai）」ということであるが，ここで本来「神を愛する者は神を認識した」という言葉を期待したいところである。しかしここでグノーシスや愛の所有への欲求への道をパウロは全面封鎖する[*10]。そうでなければここで「神を愛する者は神を認識した」と聞きたいし，またそう言いたいのである。しかしパウロは実際には以下のように続ける。「その人は神によって認識されている」。しかしわれわれのテキストで決定的なことは，考えが受動形にされ，ひっくり返されていることである。すなわち「もし誰かが神を愛するなら，その人は神によって認識されている」，と。ここですべてを逆転することについて語られる。グノーシスを持っていると信じる者

---

8) これについて，U. Wilckens, Weisheit und Torheit, 53-61; Schmithals, a. a. O. 143; W. Schrage, Korinther 1, 244参照。

9) Weiss, Kom 217.

10) Schlatter, Bote, 252参照。

は，自分から出発して神へ向かう。しかしそのようなグノーシスはまさに間違ったものであり，錯誤である。13, 12のようにここで転回が起こる。それもすべてが神から見られるという仕方でである。まさに，そして唯一この点において，8, 1-3がほとんど13章の総括であることが認識可能となる。唯この一点によって，13章の説明に関与せしめられるのである。いわばパウロはこれで「自分からの」出発点を抹殺し，それによってグノーシスの道による神への上昇の可能性を閉鎖する。ここで明瞭に転回ないし回心の顕著な足跡が見えてきて，同時にその道が辿られる。これに反してカリスマとしてのグノーシスは，「自分から」出発しない。(ルカ10, 36以下参照。ここでルカではアガペーに関して「自分から」でなく，他者から出発するものであることが言われている。)「自分から」ということは単に「そう思う」(dokein)ことに過ぎない。カリスマはすべてを恵みの賦与として，「神から」のものである。そこでパウロは，「その者は神から認識されている」ということで，13, 12dのように「しかしその時はわれわれが完全に知られたように知るであろう」と，何が神への愛の前提であるかを示すのである。ここでは交互関係について語られているのではなく，人間に先立つ選びの行為について語られているのである[11]。「認識する」とはここで「誰かがそのまなざしを向けることであり，受け入れることであり（出エジプト2, 25），それは同時に「私」という人格の創造であり，塑像であり，私というパーソンはこの「神によって認識されてある」ということのうちに成立する。人格とは神の眼が注がれ，その存在は神に

---

11) Conzelmann, Kom 168.

より認識されてある存在なのである。これはまた創造の秘儀であり、パーソンとは神なしには最終的には説明できない。これは人間が自由な行為として神を愛することの前提である。それはすなわち神の認識が、人間の自由な行為としての神への愛に先立つのであり、これは神の創造を人間がグノーシスにおいて追い越すことができないという意味である。神を愛することは、神のアガペーへの答えである。それは「愛がわれわれに迫る (Caritas enim urget nos)」(Ⅱコリント5, 14) という事態なのである。ここにおいて高ぶるグノーシスは真のアガペーとはなんの関係もない。似ても似つかないものなのである。しかし自分から発するグノーシスは間違いなく高ぶりをもたらすのである。この意味でパウロはロマ8, 28で語っている。神の愛は神の支配である。3節は、したがって通常の思考の運びで書かれていないで非連続性を示している。このことはグノーシスが神の愛に答える愛のうちにのみ生ずるものであることを示す。グノーシスの次元は愛であり、愛はその地平である。したがってパウロは、真理を語る時も、エフェソ4, 15で「愛にあって真理を語り (alētheuontes de en agapē)」と言っている。ここでパウロは13章と異なったことを言っているのでなく、グノーシスが今現在の時、終末における完全なるものに直面して、その実体を完全なる認識に対して放棄しなければならないことを示している。

―――――――――

使徒パウロは、そのミッションにおいて二つの神学的対決を遂行せねばならなかった。その一つはユダイズムキリスト教であり、そこでは救いの道として妥当している律法

のわざに信仰を対置させ, 他方では, グノーシスを救いの道とするギリシャ・ヘレニズム的キリスト教との対決であった。われわれの13章の解釈であきらかになったことは, パウロがこのグノーシスに対して愛をキリスト者の端的な道 (12, 31) として宣教し, そのすべてに卓越し, 超絶した優れた道として示したということである。この2つの対決において同じことが起こっている。パウロにとってはここでケーリュグマの中心, すなわち十字架の言葉が脅かされているのである。「もしも律法によって義が与えられるとしたら, キリストは無駄死したことになってしまう」(ガラテア 2, 21)。しかし疑いもなくパウロはグノーシスに関しても同じことが言える。なぜなら13章にはイエス・キリストの十字架の愛が根底にあったからである。グノーシスは十字架の愛によって凌駕されてしまって過ぎ去るものとなったからである。しかしちょうど愛が律法の満たされたものである如く (ロマ 13, 10), 真のグノーシス (epignōsis) は, 最終的には愛の輝き以外の何物でもない。あらゆるキリスト教宣教の中核及び総括はアガペーである。すなわち愛は最大のものであり, それは止まる。愛は現在し, かつ永遠である。

イエスのアガペー

―――――――――

XVI.

Um der Schwachen willen ward ich
schwach und um der Hungernden willen
hungerte ich und um der Dürstenden
willen dürstete ich.

「弱い者のためにわたしは弱くなり，飢えている者のためにわたしは飢え，かわいている者のためにわたしはかわいた。」
　　　　　　　　　　　　　（オリゲネス，マタイ 13, 2）
(『散らされたイエスの言葉』Die versprengten Worte Iesu, München 1922, p.28 より。)

「はっきり言っておく。わたしの兄弟であるこの最も小さい者の一人にしたのはわたしにしたのである。」（マタイ 25, 40）

「われ，かわく。」（ヨハネ 19, 28）

「彼は，わたしたちのわずらいを身に受け，わたしたちの病を負うた。」（マタイ 8, 17）

あ と が き

　ヨハネ福音書注解第3巻を書き終わって，ここで強調されている「愛」（アガペー）について，今度はパウロが述べていることに注目することになった。幸い以前に I コリント13章についてドイツ語で書いた論文があり，邦訳も出来ていた。この論文は以前ドイツでケーゼマン教授ほかから高い評価を得ていたので，今回読み直し，手を入れ発表したいと希望するようになった。そこでヨハネ福音書注解でお世話になった知泉書館の小山光夫社長にお願いしてみることにした。再度引き受けて下さったことについて言うに言われぬ感謝をささげたい。それどころか励ましの電話まで頂戴した。またいつものように変わらぬ，個人的感情をまったくコントロールされた髙野文子氏の sachliche Liebe に感謝をささげたい。また，この本の出版を強く勧めて下さった宮内久光聖心女子大学名誉教授ならびに，私の文章について分かりやすくするための助言という献身の名にふさわしい仕事を引き受けてくださった首都大学東京教授の甲斐博見先生に深い感謝の意を表したい。甲斐教授はわたくしの友であり，身近にいてくれる私の知っているもっとも誠実でさわやかな尊敬すべき人間の一人である。最後に気になるので，この場を借りてヨハネ福音書注解第3巻の p.343 の hupsein を hupsoun に訂正しておく。

　なお，『ヨハネ福音書注解 III』巻頭のシュラーゲ教授の言葉についてであるが，これはそもそも Klappentext（カバー

に印刷される説明ないし宣伝文）として書かれたものである。しかしこれが機縁で本書が出版されることになり，うれしいことであった。つけ加えるが何もわたくしはパウロの言葉第Ⅱコリント3, 1; 10, 12.18などを知らないわけではない。以上誤解を防ぐため書き添えておく。

　秋谷にて　2010年1月

文 献 表

Althaus, P., Der Brief an die Roemer, Goettingen 1966.
Barth, K., Roemerbrief, Zuerich, 1922.
―――, Erklaerung des Philipperbriefes, Zollikon 1947.
Baumann, R., Mitte und Norm des Christentums, Muenster 1968.
Bornkamm, G., Der koestliche Weg, in: Das Ende des Gesetzes, Muenchen, 1952.
―――, Die Offenbarung des Zornes Gottes, in: aaO.
―――, Der Lobpreis Gottess (Roem 11, 33-36), in: aaO.
Botterweck, G. J., Gott Erkennen, Bonn 1951.
Bultmann, R., K. Barth, "Die Aufertstehung der Toten", in: Glauben und Verstehen I, Tuebingen 1961.
―――, Das christliche Gebot der naechsten Liebe, in: aaO.
―――, Exegetische Probleme des zweiten Korintherbriefes, Darmstadt 1963.
―――, Theologie des Neuen Testaments, Tuebingen 1965.
―――, Der zweite Brief an die Korinther, Goettingen 1987.
Deissmann, A., Licht von Osten, Tuebingen 1923.
Ervens, Th., Keine Theologie ohne Kirche, Tyrolia, Innsbrueck 2002.
フランクル, V., 『死と愛』霜山徳爾訳, みすず書房, 1957年。
Fuchs, E., Liebe, in: Marburger Hermeneutik, Tuebingen 1968.
福谷茂『カント哲学試論』知泉書館, 2009年。
Gadamer, H.－G., Mensch und Sprache, in: Kleine Schriften, Tuebingen 1976.
Gnilka, J., Der Philemonbrief, Freiburg i. Br. 1982.
Guardini, R, Drei Schriftauslegungen, Wuerzburg 1958.
Guettgemanns, E., Der leidende Apostel und sein Herr, Goettingen 1968.
Haenchen, E., Die Apostelgeschichte, Goettingen 1968.
Heidegger, M., Sein und Zeit, Tuebingen 1957.
―――, Was ist die Metaphysik?, Frankfurt a.M. 1949.
―――, Erlaeuterungen zu Hoelderlins Dichtung, Frankfurt a. M. 1951.
Hengel, M., Die Zeloten, Leiden/Koeln 1976.
―――, Mors turpissima crucis, in: Rechtfertigung (Festschrift fuer E.

Kaesemann) Tuebingen 1976.

Huebner, H., Gottes Ich und Israel, Goettingen 1984.

Ibuki, Yu, Gestalt und Auslegung, Bulletin of Seikei University, 19, 1982.

泉治典『コリント信徒への手紙を読む』新教出版社，2006年。

池田晶子『人間自身考えることに終わりなく』新潮社，2007年。

今道友信『愛について』講談社現代新書，1972年。

キェルケゴオル『愛について』芳賀檀訳，新潮文庫，1986年。

Jaeger, W., Paideia I, Berlin 1959.

Jeremias, J., Die Gleichnisse Jesu, Goettingen, 1962.

Kaesemann, E., Eine Apologie der urchristlichen Eschatologie, in: Exegetische Versuche und Besinnungen, I, Goettingen 1964.

――――, Saetze heiligen Rechtes im Neuen Testament, in: Exegetische Versuche und Besinnungen II, Goettingen 1964.

――――, An die Roemer, Tuebingen 1973.

Kierkegaard, S., Drei erbauliche Reden, in: Wiederholung, Duesseldorf 1955.

Lietzmann, H., An die Korinther I, II: Anhang Kuemmel, Tuebingen 1949.

Linnemann, E., Gleichnisse Jesu, Goettingen 1969.

Lohmeyer, E., Der Brief an die Philipper, an die Kolosser und an Philemon, Goettingen 1961.

Luetgert, W., Die Liebe im Neuen Testament, Giessen 1905.

Loefgren, D., Die Theologie der Schoepfung bei Luther, Goettingen 1960.

Luther, M., Vorlesung ueber den Roemerbrief 1515/1516, Muenchen 1965.

Marxen, W., Einleitung in das Neue Testament, Guetersloh 1963.

――――, Das Bleiben in 1 Kor 13, 13, in: Neues Testament und Geschichte (FS O.Cullamnn), Zuerich-Tuebingen, 1972.

Mattern, L., Das Verstaendnis des Gerichts, Zuerich 1966.

Merleau-Ponty, M., Le visible et invisible, Gallimard 1964.

Merton, Th, Der Berg der sieben Stufen, Einsiedeln 1984.

Metzger, W., Psychologie, Darmstadt 1968.

Meyer, H., Der erste Brief an die Korinther, Goettingen 1856.

Michl, J., Die katholischen Briefe, Regensburg 1968 .

Mueller, Chr., Gottes Gerechtigkeit und Gottes Volk, Goettingen 1964.

Murdock, J., The Sovereignty of Good, London 1980.

中村獅子雄『信・望・愛，コリント前書第13章の研究』著作集第3巻，新教出版社，1968年。

Nygren, A., Eros et Agape, (Traduction de P. Jundt), Paris 1944.

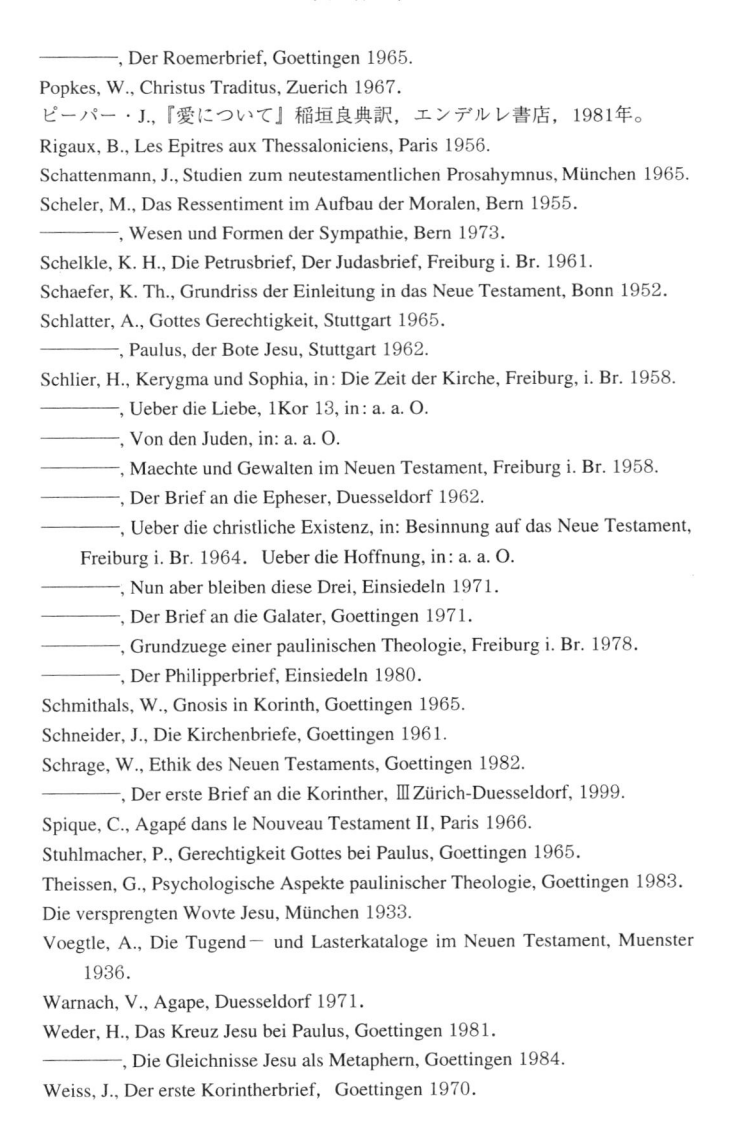

―――, Der Roemerbrief, Goettingen 1965.

Popkes, W., Christus Traditus, Zuerich 1967.

ピーパー・J.,『愛について』稲垣良典訳,エンデルレ書店, 1981年。

Rigaux, B., Les Epitres aux Thessaloniciens, Paris 1956.

Schattenmann, J., Studien zum neutestamentlichen Prosahymnus, München 1965.

Scheler, M., Das Ressentiment im Aufbau der Moralen, Bern 1955.

―――, Wesen und Formen der Sympathie, Bern 1973.

Schelkle, K. H., Die Petrusbrief, Der Judasbrief, Freiburg i. Br. 1961.

Schaefer, K. Th., Grundriss der Einleitung in das Neue Testament, Bonn 1952.

Schlatter, A., Gottes Gerechtigkeit, Stuttgart 1965.

―――, Paulus, der Bote Jesu, Stuttgart 1962.

Schlier, H., Kerygma und Sophia, in: Die Zeit der Kirche, Freiburg, i. Br. 1958.

―――, Ueber die Liebe, 1Kor 13, in: a. a. O.

―――, Von den Juden, in: a. a. O.

―――, Maechte und Gewalten im Neuen Testament, Freiburg i. Br. 1958.

―――, Der Brief an die Epheser, Duesseldorf 1962.

―――, Ueber die christliche Existenz, in: Besinnung auf das Neue Testament, Freiburg i. Br. 1964. Ueber die Hoffnung, in: a. a. O.

―――, Nun aber bleiben diese Drei, Einsiedeln 1971.

―――, Der Brief an die Galater, Goettingen 1971.

―――, Grundzuege einer paulinischen Theologie, Freiburg i. Br. 1978.

―――, Der Philipperbrief, Einsiedeln 1980.

Schmithals, W., Gnosis in Korinth, Goettingen 1965.

Schneider, J., Die Kirchenbriefe, Goettingen 1961.

Schrage, W., Ethik des Neuen Testaments, Goettingen 1982.

―――, Der erste Brief an die Korinther, Ⅲ Zürich-Duesseldorf, 1999.

Spique, C., Agapé dans le Nouveau Testament II, Paris 1966.

Stuhlmacher, P., Gerechtigkeit Gottes bei Paulus, Goettingen 1965.

Theissen, G., Psychologische Aspekte paulinischer Theologie, Goettingen 1983.

Die versprengten Wovte Jesu, München 1933.

Voegtle, A., Die Tugend― und Lasterkataloge im Neuen Testament, Muenster 1936.

Warnach, V., Agape, Duesseldorf 1971.

Weder, H., Das Kreuz Jesu bei Paulus, Goettingen 1981.

―――, Die Gleichnisse Jesu als Metaphern, Goettingen 1984.

Weiss, J., Der erste Korintherbrief, Goettingen 1970.

Wengst, K., Christologische Formeln und Lieder des Urchristentums, Guetersloh 1972.

―――, Der erste, zweite und dritte Johannesbrief, Guetersloh, Wuerzburg 1978.

Wilke, H. A., Das Problem eines messianischen Zwischenreiches bei Paulus, Zuerich 1967.

Wilkens, U., Weisheit und Torheit, Tuebigen 1959.

―――, Der Brief an die Roemer, EKK 1987.

―――, Zu 1Kor 2, 1-16, in: Theologia crucis-Signum crucis (FS E. Dinkler) Tuebingen 1979.

Windisch, H., Der zweite Korintherbrief, Goettingen 1970.

Wittgenstein, L., Philosophische Untersuchungen, Frankfurt a. M. 1984.

伊吹　雄（いぶき・ゆう）

1932年東京に生まれる．慶応義塾大学哲学科卒．同修士課程中退．上智大学ラテン語哲学科終了．1963年ボン大学カトリック神学部卒業．65年ケルン大神学校卒業後，ボン大学でDoctorandとなる．72年ボン大学より神学博士号を授与．上智大学，慶応大学の非常勤講師を経て76年成蹊大学経済学部教授（ドイツ語），87年東京都立大学教授（哲学，倫理学，大学院兼担）．96年定年退官．

〔著書〕Die Wahrheit im Johannesevangelium, (Bonn, 1972),『ヨハネ福音書と新約思想』（創文社，1994），『ヨハネ福音書注解』（2004），『ヨハネ福音書注解II』（2007），『ヨハネ福音書注解III』（2009，以上，知泉書館）

〔パウロにおける愛の賛歌〕　　　　　　　　　　ISBN978-4-86285-092-8

2010年9月20日　第1刷印刷
2010年9月25日　第1刷発行

著　者　伊　吹　　　雄

発行者　小　山　光　夫

製　版　野口ビリケン堂

発行所　〒113-0033　東京都文京区本郷1-13-2
　　　　電話(3814)6161　振替00120-6-117170
　　　　http://www.chisen.co.jp
　　　　　　　　　　　　　　株式会社　知泉書館

Printed in Japan　　　　　　　　　　印刷・製本／藤原印刷